Guerra de las Maestrías

*Ideologías, Totalitarismo, Insurrección y Populismo
que conspiran contra la Iglesia*

Dr.Julio Sotero

Prólogo
Pastor Luis Omar Pussetto

Guerra de las Maestrias

Ideologías, Totalitarismo, Insurrección y Populismo que conspiran contra la Iglesia
ISBN: 9798360219781

Versión Revisada. Copyright © 2023 by Bridge Network
Edición general Luis Omar Pussetto

Citas bíblicas son de la versión Reina – Valera 1960, Sociedades Bíblicas en America Latina.

Dedicatoria

A todos los que se han convertido en la clave para construir infraestructuras sociales fuertes y duraderas, familias estables, sociedades sanas y naciones seguras. A los edificadores que aseguran el desarrollo social contínuo dentro de las naciones del mundo expresando el diseño divino de vida por el cual fuimos llamados a vivir.

Tabla de Contenido

Prólogo.. 3

Introducción... 5

Conectando los Puntos de la Historia......................11

Tiempo de Cambios o Cambio de Tiempos............... 27

¿Hasta Donde ha Llegado Esto? ¿Hasta dónde?........47

Tiempo de Conocer los Tiempos............................ 59

El Proceso del Cambio.. 77

Compañía de Reformadores.................................. 91

Después de la Tormenta aparece la Reserva..........103

La Reserva de Dios en la Tierra..........................117

Cultura de Justicia – Seguir la Verdad.................... 133

La Batalla Final...151

Sacerdocio Arruinado versus Sacerdocio Genuino....161

La Verdadera Salida... 171

Prólogo

Qué importante es destacar cuando los escritores muestran un verdadero crecimiento en lo que respecta a la presentación de distintos temas y de la aproximación al mensaje que Dios va preparando para cada tiempo. El Dr Julio Sotero en Guerra de Maestrías muestra de manera muy clara que surge una clara acción de rescate para la amada Iglesia, ya que el Señor nunca abandona el propósito que le ha asignado a quien lo representa aquí en la tierra.

La acción de las Maestrías diabólicas pretende que los escogidos vivan en esa ambigüedad, en un permanente gris. En estas páginas la descripción de esas acciones alta y abiertamente rebeldes a los principios de Dios, son descubiertas con profundidad. Porque la ilegalidad de los gobiernos corruptos no solo afecta a las naciones sino a la sociedad toda, dentro de la cual la Iglesia no puede mantenerse ajena a esas designaciones de las tinieblas.

Las filosofías reinantes quieren detener los propósitos del Eterno, por eso las abonan con sabidurías humanas que afectan la sociedad toda. El planteo del Dr Julio Sotero es muy valioso porque desnuda la realidad imperante pero dando la salida, brindando desde estas páginas no solo el daño producido sino la forma de reparar con urgencia a lo que la Iglesia profética y apostólica ha sido llamada en estas horas de oscuridades de la tierra.

El Dr Julio Sotero llama a decidirnos: No se puede vivir en la decadencia cuando hemos sido convocados a la ascendencia permanente. Dios ha hecho esa convocatoria, no podemos hacer oídos sordos a ese llamado.

Es indudable que hay una verdadera caza de almas, pero estas páginas revelan que las huestes de maldad no podrán triunfar sobre una iglesia ha entendido su llamado a brillar y reinar en la sociedad donde habita.

Estamos ante desafíos trascendentes, las próximas generaciones lo reclaman.

Ps Luis Omar Pussetto
Editor General

Introducción

Hemos llegado a un punto de la historia en que el pensamiento libre ha provocado una guerra de ideologías donde podemos observar que la gente se mueve no por convicción sino por conveniencia.

A todo esto se suma un cambio político en nuestros países en respuesta a cómo manejar una crisis de salud sin precedentes debido a la pandemia que afectó no solo a una nación sino al conjunto de naciones del planeta.

Con estas nuevas políticas e ideologías en todo el mundo, surgen formas muy particulares de maniobrar y de administrar las crisis que emergen en cada país.

Ante la generación de nuevas crisis, problemáticas recientes; nuevas ideologías van emergiendo con nuevas estrategias y nuevas formas de gestión, lo cual lleva a que emerjan las distintas corrientes políticas, que son en definitiva distintas expresiones de las Maestrías de oscuridad que quieren dañar el propósito al cual han sido llamado los cristianos altamente comprometidos con la dirección divina asignada.

Esto hace que las corrientes políticas conduzcan a un mecanismo manipulador llamado populismo. Este movimiento, como una verdadera cortina de humo, tiene como propósito entretener a la gente haciéndoles ver o creer, que el mejor interés de ese organismo es el interés hacia el bienestar del pueblo y sus clases más desprotegidas.

El funcionamiento de solapada manipulación, llamado populismo, no es nuevo en la historia. Nació en el seno mismo del Imperio Romano y se describió con la frase: Pan y Circo.

Se implementó cuando se usaron gladiadores y fieras en el Coliseo Romano, como parte de un espectáculo mientras se le daba pan a la gente para entretenerlos mientras las autoridades, a puertas cerradas, conspiraban para hacer más poderoso el Imperio.

De repente te preguntarás: ¿Qué tiene esto que ver con la Iglesia? ¡Mucho! Este mecanismo no es nuevo y ha sido la contraparte que se mueve en medio de la Nación llamada Iglesia para mantener a los Hijos del Eterno vagando en un patrón de

Introducción

Hemos llegado a un punto de la historia en que el pensamiento libre ha provocado una guerra de ideologías donde podemos observar que la gente se mueve no por convicción sino por conveniencia.

A todo esto se suma un cambio político en nuestros países en respuesta a cómo manejar una crisis de salud sin precedentes debido a la pandemia que afectó no solo a una nación sino al conjunto de naciones del planeta.

Con estas nuevas políticas e ideologías en todo el mundo, surgen formas muy particulares de maniobrar y de administrar las crisis que emergen en cada país.

Ante la generación de nuevas crisis, problemáticas recientes; nuevas ideologías van emergiendo con nuevas estrategias y nuevas formas de gestión, lo cual lleva a que emerjan las distintas corrientes políticas, que son en definitiva distintas expresiones de las Maestrías de oscuridad que quieren dañar el propósito al cual han sido llamado los cristianos altamente comprometidos con la dirección divina asignada.

Esto hace que las corrientes políticas conduzcan a un mecanismo manipulador llamado populismo. Este movimiento, como una verdadera cortina de humo, tiene como propósito entretener a la gente haciéndoles ver o creer, que el mejor interés de ese organismo es el interés hacia el bienestar del pueblo y sus clases más desprotegidas.

El funcionamiento de solapada manipulación, llamado populismo, no es nuevo en la historia. Nació en el seno mismo del Imperio Romano y se describió con la frase: Pan y Circo.

Se implementó cuando se usaron gladiadores y fieras en el Coliseo Romano, como parte de un espectáculo mientras se le daba pan a la gente para entretenerlos mientras las autoridades, a puertas cerradas, conspiraban para hacer más poderoso el Imperio.

De repente te preguntarás: ¿Qué tiene esto que ver con la Iglesia? ¡Mucho! Este mecanismo no es nuevo y ha sido la contraparte que se mueve en medio de la Nación llamada Iglesia para mantener a los Hijos del Eterno vagando en un patrón de pensamiento que los lleve a exaltar su propia imagen; creando ídolos que se llaman "la revelación" del momento o mucho más, lo llaman: "Lo que Dios está revelando en esta temporada", creando un extremo y una corriente de tendencias muy peligrosas.

Estoy por pensar que el esperado Armagedón ya está entre nosotros; no como un desfile militar o de armas, sino con una gama de pensamientos e ideologías que llevarán al hombre a un nuevo orden de pensamiento y expresión que les mantenga alegado del Destino trazado por el Eterno.

Esta Guerra de ideologías, verdaderamente diabólicas es un conjunto de ideas que caracteriza a una persona, cultura, escuela, comunidad, movimiento religioso, cultural o político.

Una de las primeras guerras de las maestrías la vemos en el evangelio de Lucas capítulo 4 cuando el mismo Jesús fue tentado.

Tuvo guerra, pero magistralmente fue capaz de superar ese pensamiento que trató de cuestionar su identidad y propósito.

Luego de eso notamos que ya no se dio lugar a otro enfrentamiento de esta naturaleza ya que la Guerra de las Maestrías se da cuando hay una falta de identidad o convicción en cuanto al conocimiento y manejo del propósito eterno.

Hoy los países más pobres son los que exportan alimentos y los más ricos son los que exportan conocimientos. El nuevo capitalismo es un capitalismo de educación y un capitalismo de conocimiento. ¿Será que la Iglesia de hoy se ha acostumbrado a las cosas de Dios, que ha perdido el deseo por buscar a Dios?

Sin embargo, con demasiada frecuencia no nos damos cuenta de la amenaza que representan las cosas buenas que estamos haciendo. Ante la generación de nuevas crisis, problemáticas recientes; nuevas ideologías van emergiendo con nuevas estrategias y nuevas formas de gestión, lo cual lleva a que emerjan las distintas corrientes políticas, que son en definitiva distintas expresiones de las Maestrías de oscuridad que quieren dañar el propósito al cual han sido llamado los cristianos altamente comprometidos con la dirección divina asignada.

No podemos engañarnos pensando que la dedicación a los programas de la iglesia equivale automáticamente a los propósitos del Reino.

Los hombres y mujeres que creen en el evangelio del Reino y exaltan a Dios no tienen tiempo para perder su vida en busca de una versión cristiana del sueño americano, que exalta al hombre y crea celebridades; exponiendo así la vasija de barro para ser idealizada y dejando a un lado el Tesoro que está escondido dentro del vaso.

¿Cuántos están dispuestos a desprenderse de las cosas buenas para lograr lo excelente en el propósito de Dios? Sin dudas esta es la Guerra de los Maestrías a la que nos vamos a enfrentar.

Comencemos a descubrir nuestra peligrosa tendencia a valorar nuestras tradiciones por encima de la verdad de Dios. Paulatinamente te darás cuenta de que estamos defendiendo un programa porque eso es lo que funcionó en el pasado.

Creo que es hora de ponerse la armadura y entrar en esta Guerra de los Maestrías haciendo caso a lo escrito por el apóstol Pablo en 2da. de Corintios 10: 4-5:

*"Porque las armas de nuestra milicia
no son carnales,
sino poderosas en Dios para la destrucción de
fortalezas; refutando argumentos,
y toda altivez que se levanta contra el conocimiento
de Dios,
y llevando cautivo todo pensamiento
a la obediencia a Cristo."*

Listos…… ¡¡AVANCEMOS a la BATALLA!!

Capítulo 1

Conectemos los Puntos de la Historia

La historia es la narración de los acontecimientos del pasado; generalmente los de la humanidad, aunque también puede no estar centrado en el ser humano. Cuando hablamos de historia no podemos dejar de lado cuáles son las filosofías que dieron forma a los hechos que las marcaron.

Cuando hablamos de un tema como el que se trata en este libro no podemos pasar por alto el hecho de contra que se esta peleando. No hay cosa más terrible que estar envuelto en una guerra y desconocer el enemigo. Más aun, perder de vista lo que esta juego en medio de la batalla.

Aquí estamos hablando que lo que está en juego es el diseño De Dios y su manifestación. Ante esto debemos entender que cada diseño tiene un anti diseño; una estructura que pondrá presión para que el diseño verdadero no emerja.

Cuando hablamos de anti-diseño hablamos de estructuras que tratan de alterar lo establecido por Dios. La Escritura desde Génesis hasta Apocalipsis está llena de hombres y mujeres que enfrentaron el diseño de Dios y como se levantaron anti-diseños para impedir el avance de lo establecido por Dios.

Tomemos uno de estos modelos a través de la vida de Abraham. En Génesis capítulo 15 vemos la siguiente historia a partir del verso 4 al 10. Esta escritura comienza a decodificar lo que es el diseño. EL verso 4 nos habla de un Hijo como heredero; este es el diseño: Hijos y herederos.

Hijos y herederos son una amenaza a la estructura que insiste mantener al diseño cautivo y a merced de un anti-diseño que controle a los elegidos.

Es necesario ver algunos detalles que resaltan esta historia en Genesis 15.

Número uno, Dios le habla a Abraham y le revela su intención: te heredará un hijo. (v.4)

Segundo, Abraham le pregunta a Dios: ¿Cómo conoceré que esto ocurrirá? La respuesta de Dios es contundente. Dios le envía a hacer un acto de sacrificio pero de gran significado. Abraham toma unas aves y unos animales y sigue la instrucción divina. Las aves no las partas; pero los otros animales sí.

En definitiva: Si yo no cumplo esto que me partan como a estos animales, que se me juzgue como los otros dioses de la tierra que son gobernados por realidades fragmentadas. En otras palabras, que no soy consistente en lo que digo, hago, y soy.

Luego de esto Abraham creyó y le fue contado por justicia. En verdad se posicionó en la postura correcta para operar en diseño. Pero vino el problema. En el capítulo 16 vemos el detalle donde Abraham luego de varios intentos cede a la petición de su esposa y opera en un anti-diseño. La esclava entra en escena y el resto es historia.

A estas alturas Abraham se le hacía fácil entrar en batalla con la mente y los sentidos.

Anteriormente a este suceso vemos que antes de entrar a Egipto con su esposa Sara, tiene un juego en su mente y le dice que mienta en cuanto a su relación, exponiendo así a su esposa a Faraón. Es en estos juegos mentales que la ideología, el totalitarismo y aun el anti-diseño comienzan a moverse.

Hay una posición anti-Cristo que se ha desarrollado a través de operar en una mejor idea ante lo establecido por Dios como diseño.

Es aqui que el sistema del mundo, el cual se enriquece de los sentidos, toma fuerza y se convierte en una fortaleza para evitar que la imagen del Hijo se levante.

Lo anterior lo voy a resumir de esta manera: Recuerdo cuando fui por primera vez a Argentina. Noté que la mayoría de los autos corrían con gas y gasolina. Era curioso ver como alteraban el diseño original adaptado un equipo que hacia que estos autos funcionen con gas también.

Todo por economizar dinero ya que la gasolina para aquel tiempo estaba cara; los tiempos no han cambiado y sigue caro. Indagando un poco más en el asunto encontré que con el gas las revoluciones del motor no eran la misma y sólo daba la mitad de rendimiento el motor.

En otras palabras duraba menos, corría menos millas y debían volver a llenar el tanque de gas. Yo no sé usted, pero yo no quiero correr esta carrera a medias, sabiendo que mi diseño me lleva a correr la carrera con el rendimiento al máximo.

Esto es lo que hace la Guerra de las Maestrías, te lleva a correr a medias, a desperdiciar fuerzas; al final te lleva a vivir un ciclo donde quedas atrapado sin cumplir el máximo del diseño que ya Dios ha impartido en ti.

En una ocasión escuché la siguiente afirmación: "*El que no conoce la historia tiende a cometer los mismos errores al respecto*". Esta declaración hizo que me convirtiera en un estudiante de historia.

Quiero aclarar que no soy historiador, pero me gusta la Historia. Siempre he estado en esa búsqueda de cómo funcionan las cosas. Recuerdo que cuando era niño, cuando me daban juguetes, buscaba en la caja de herramientas de mi papá una pieza para abrir literalmente el juguete y ver qué había dentro. Creo que muchos hicieron lo mismo.

Filosofía es un término interesante ya que su etimología se compone de dos palabras que definen su significado, y está compuesta por *"filein"* que significa amar y por la palabra *"sofía"* que significa sabiduría. En concreto, la filosofía es el amor a la sabiduría.

Este término fue acuñado por primera vez por Pitágoras (filósofo matemático) para el avance de sus estudios, ya que al abordar problemas, la filosofía se distingue del misticismo, el esoterismo, la mitología y la religión por su énfasis en los argumentos racionales.

En verdad la filosofía te lleva a cuestionar todo lo que tienes delante, creando así argumentos que requieren evidencia empírica y efectiva para probar, refutar o incluso justificar una proposición o tesis.

De esta manera se lleva al énfasis de la filosofía en los argumentos racionales sobre los argumentos de autoridad.

Esta demostración consiste en defender algo como verdadero porque quien sea citado en el argumento tiene la autoridad del asunto.

Los estudiantes de Pitágoras utilizaron este tipo de manifestación para respaldar sus conocimientos. Si alguien les preguntaba ¿Por qué?, respondían: el profesor lo ha dicho. Si el argumento no se probaba, se le daba el nombre de falacia a lo que se estaba exponiendo.

Una falacia es un argumento que parece válido pero no lo es. Algunas falacias se hacen intencionalmente para persuadir o manipular a otros, mientras que otras se hacen sin querer por descuido o ignorancia.

La misma palabra falacia proviene de la palabra latina para "engaño". Es por ello que las cualidades fundamentales de un argumento son la consistencia y coherencia, entendiendo como tal el hecho de que el contenido de la expresión o discurso adquiere un sentido que se dirige a un interlocutor.

Dando un vistazo a la historia es que podemos ver como estos elementos se fueron convirtiendo en pilares que marcaron una forma de pensar y argumentar hechos que marcaron tiempo y tiempos a lo largo de la historia. Todo este diseño de pensamiento viene o nos llega por causa de los griegos, ya que los romanos, involucrados en sus propias conquistas, dejaron en sus territorios la educación en manos de griegos.

Pero no fue hasta mediado del siglo XIX que el efecto de estas enseñanzas comenzó a definir las escuelas de pensamiento que iban a promover las ideologías, filosofías y la nueva mentalidad que gobernaría el mundo moderno hasta la actualidad.

Hombres como Giuseppe Mazzini, filósofo, político y activista italiano, dieron origen a la filosofía socialista de la que años más tarde se inspiraron Karl Marx y Federico Engels para crear el conocido Manifiesto Comunista.

Una vez terminado el manifiesto, Karl Marx hizo la siguiente declaración: *"El comunismo es el lío de la historia resuelto"*. Sus ideas se desarrollaron en un mundo industrial, totalmente diferente al actual.

Lo aplicó para Alemania e Inglaterra; no para países agrícolas. Por tanto, estas ideas no fueron del todo aceptadas por los países agrícolas. Según Karl Marx, "los países deberían tener capital, fabricación e industria".

Observemos dos realidades en el mundo donde se movían estos dos personajes (año 1848): la esclavitud era legal y las mujeres no tenían derechos. Este manifiesto comunista se basó en dos fases: La primera tenía como objetivo la abolición de la propiedad, la aplicación de fuertes impuestos (los que ganaban más debían mantener el estado), abolir el derecho de herencia, confiscar propiedades a los inmigrantes, centralización del crédito (solo se endeuda con el Estado), expansión de las empresas estatales (el estado lo hace mejor), implementación de la educación gratuita combinada con la producción industrial. Fue a partir de estos puntos que el manifiesto comunista consistió en su primera fase. (Subrayado del autor)

Esta fase es la que han implementado los países con la agenda marxista y se conoce como Socialismo.

La fase 2 se llama: COMUNISMO. Es donde el ESTADO no existe, no hay dinero, no hay propiedad privada. En esa sociedad se estableció un almacén/proveeduría, donde recibes los productos que necesitas a través del intercambio de lo que cada persona produce. Según Karl Marx, no importa lo que produzcas, ibas a recibir lo mismo que el que produjera menos que tú.

Los primeros en llevar esta agenda marxista fueron: Trosky, Stalin y Lenin, 70 años después, pusieron en práctica esta teoría. De esta manera estos tres hombres arremeten, contra la monarquía gobernante de aquellos tiempos. El primer error: esto no fue diseñado para Alemania e Inglaterra, donde el problema no era la monarquía; Rusia era feudal y no abrazó estos principios revolucionarios.

No lograron llegar a la fase 2. Al contrario, el estado se hizo más grande hasta volverse absoluto y totalitario.

Establecieron los "Gulag", campos de trabajos forzados. Al final, lo único que había en Rusia era el SOCIALISMO. La fase dos nunca se alcanzó.

Otro que quiso operar en este manifiesto fue Mao Zee Tung en China (1948). Lo inició con la revolución cultural, luego implementó el manifiesto socialista que aniquiló a más de 60 millones de personas.

Esta misma versión de políticas de gobierno llega y se impone en Cuba a través del Che Guevara, Fidel Castro y Camilo Cienfuegos.

En cuanto a la historia de Cuba y la implementación de este plan, es de destacar que los genios intelectuales del movimiento fueron asesinados.

Nótese que nunca ha llegado a la fase 2, que es el Comunismo, pero a lo largo de la historia ha dejado millones de muertos.

En Rusia resultó en 20 millones de muertos, en China: 65 millones, el conflicto en Vietnam: 1 millón, Corea del Norte: 2 millones América Latina: 150.000 mil y en África: 1,7 millones. La mitad del territorio de la humanidad ha probado este siniestro experimento pero nunca ha llegado a la Fase 2.

Como conclusión es importante dejar claro que ha fracasado y los iniciadores de estos movimientos se convierten en la Nueva Burguesía dominante. Y todo fue porque había un "viento" de protesta que buscaba la igualdad en los pueblos.

Pero...Al final: ¿dónde estaba la igualdad? Trágicamente solo se encontró esta igualdad en los campos de concentración nazis: Allí los judíos eran todos iguales. En medio de ese atroz mundo de igualdad creado por el estado, surge un hombre llamado Viktor Frankl, que sobrevivió al holocausto nazi y fue durante su penosa experiencia que expresó:

"Cualquier cosa puede ser quitada del hombre,
excepto libertad para elegir
la actitud que uno puede tener
en cualquier escenario de la vida ".

"La mayor libertad del hombre es que, aunque esté en cualquier condición, puede decidir qué actitud va a enfrentar".

Viktor Frankl, sobrevivió a varios campos de concentración nazis y a partir de esa experiencia, escribió el libro *El hombre en busca de sentido*, un auténtico Best Seller. Viktor Frankl se sobrepuso a todo el totalitarismo que se le quiso imponer en su tiempo.

Es oportuno destacar la relevancia de lo expresado por el profesor de Harvard, Steven Pinker, experto en psicología evolutiva:

"El mejor argumento contra el totalitarismo es reconocer la naturaleza humana universal de que todos los seres humanos tienen un deseo innato por la vida, la libertad y la búsqueda de la felicidad".

Al fin y al cabo, el socialismo busca que los seres humanos renuncien a su autoestima y amor propio para contribuir a la sociedad que pertenecen. Esta dinámica es completamente incorrecta y perversa en el amplio sentido de la palabra.

En contraposición a la libertad del hombre, Karl Marx apostó por su teoría y expresó que habría más países comunistas que no comunistas, que la máquina destruiría al hombre y que el hombre viviría en la miseria;

y finalmente, que donde comenzara la fase 1, la fase 2 definitivamente se levantaría.

Actualmente la psicología ha evolucionado en muchos aspectos, en unos de ellos es donde se ha demostrado que el cerebro humano no está diseñado para el comunismo.

David Russ, habló de esta psicología evolutiva: "No existe un agente autónomo con intereses llamado sociedad".

Recuerda que una sociedad pensante es aquella que avanza. La sociedad como entidad NO se mueve, son los individuos los que avanzan. Es como una célula; que cada una de sus partes tiene vida y libertad.

Cuando nos exponemos a este conocimiento, es inaudito pensar que dentro de los Millennials (Generación de Jóvenes a partir del 2010) existe un grupo que promueve este tipo de cultura en nuestra sociedad, reivindicando sus derechos y vistiendo camisetas del Che Guevara. Antes lo he expresado y lo apoyo.... "Si una idea es buena, NO SE DEBE IMPONER.

¿Qué tiene que ver todo esto con la vida espiritual y el propósito eterno de Dios?
¿Estoy leyendo el libro correcto?
¿Qué tipo de libro es este?

Es posible que esta sea una de las muchas preguntas que surgen en tu mente en este momento. Es probable que yo hiciera las mismas preguntas si hubiera comenzado a leer un libro como este.

Y agregaría:
¿Cómo conecto estos eventos de la historia con el Plan de Dios para esta hora?

Te insto a que sigas leyendo y encontrarás todas las respuestas que necesitas para continuar en este gran viaje.

Capítulo 2

¿Tiempos de Cambios o Cambio de Tiempos?

El año 2020 fue uno que marcó el inicio de un nuevo ciclo y de gobernanza global. No sólo hubo elecciones en los Estados Unidos, sino que el mundo se vio afectado por una pandemia que provocó el cese o modificaciones de las operaciones gubernamentales en todo el mundo. Más allá de las teorías de la conspiración, a las que no me inclino, creo que el Sistema y la maquinaria gubernamental a nivel global se detuvieron para tener un reinicio hacia lo que se convertiría en un nuevo orden mundial de tratados, comercio y manufactura.

En medio de todo este escenario, la cultura norteamericana tuvo que manejar las protestas y la insurrección en las calles de grupos que pedían justicia social por el trato a los africo-americanos; creando una gama de reclamos desde inmigrantes hasta la comunidad LGBT y grupos feministas.

Fue realmente una triste obra de teatro organizada para sentarse y "comer palomitas de maíz" y ver el gran espectáculo que inundaba los medios de comunicación todos los días.

Hasta que llegó el 6 de enero de 2021 y no podía creer lo que estaba pasando. Un grupo de manifestantes invade los terrenos del Capitolio Federal en Washington, DC exigiendo sus derechos y destruyendo bienes públicos.

Mientras miraba esas escenas pude escuchar una voz interna que me decía: "Cambio de hora".

Todo lo que se discutía en secreto ahora se divulgaba desde los tejados; todo era público ahora. Esta protesta, como muchas que comenzaron a aparecer en todo el mundo, tenía una sola expresión: "Igualdad" y "Reclamo de Derechos". Esta actitud generó un cambio en la actitud de la gente incluso dentro de la Iglesia. Todos buscaban el mismo trato.

Se hicieron comunes las expresiones tales como: "Reclamamos nuestros derechos"; "No permitiré que vulneren mis derechos"…"Buscamos la IGUALDAD".

Estos argumentos siempre han estado buscando su piso porque están basados en ideas que surgen como producto de la exploración del ser humano por tener la felicidad, pero quieren tenerla utilizando mecanismos que oprimen y descentralizan las estructuras de gobierno que ven como una amenaza a sus propios intereses personales.
¿Qué pasó en 2020?

Luego del encierro por la pandemia, la gente se inclinaba hacia ideas que les hacían o los impulsaban a reclamar sus derechos. Fortalecidos, por políticas de izquierda o socialista, no que fueran en todos los casos gente inclinada a estos sectores, pero el espíritu predominante los llevó a tomar posturas exigiendo que el Estado haga algo o de lo contrario los sacarían de sus cargos.

Es así que una población de jóvenes adultos abrazó este tipo de pensamientos.

Todo esta corriente creo un ambiente hostil y de gran división entre la población. Este tipo de "Vientos de nuevas doctrina" trazó una línea de separación que aún se vio en la Iglesia, desviándola de la fidelidad a Cristo.

Estas protestas en las calles exigiendo derechos para la comunidad africo-americana y otras insurrecciones en todo el mundo fueron un plan bien orquestado por quienes han estado siguiendo ideas que han creado ideologías y filosofías que incluso han creado división dentro del hogar; abriendo brechas y exponiendo diferencias y distancias muchas veces irreconciliables dentro de la vida misma de la familia.

Estas filosofías son como un "hongo en la piel", tiene la capacidad de desaparecer y luego cuando menos te lo imaginas vuelve a brotar con más ímpetu.

Cuando Barak Obama se convirtió en presidente de los Estados Unidos, la gente se centró sólo en el hecho de que finalmente había llegado la oportunidad de tener un presidente de raza negra gobernando una de las naciones con más conflictos raciales del mundo.

Pero lo que se estaba preparando era una tormenta perfecta que tendría lagunas para que los sistemas gubernamentales se comprometieran con un nuevo Sistema que golpearía duramente a la familia.

En su disculpa por la movilidad económica del 4 de diciembre de 2013, el presidente Obama declaró: "**La desigualdad es el desafío decisivo de nuestro tiempo**". Obama afirmó que es inmoral y peligroso tener una sociedad donde hay unos que viven mucho mejor que otros y que, por tanto, el Estado debe redistribuir la riqueza. ¡¡¡WOW!!!

¿Percibes que tiene el mismo tono de algunos enunciados en el manifiesto comunista? Con esta declaración, diversos líderes del mundo, (utilizando este patrón para acomodarse a ese nuevo orden), comenzaron a replicar esta misma idea.

Este pensamiento hizo que todos estos líderes pensaran que la desigualdad es inmoral por definición y que una sociedad igualitaria siempre será mejor que una sociedad desigual. Tan simple como eso.

Y si eso es así, la igualdad no puede ser un bien moral superior.

El reclamo por la igualdad confunde a las personas porque en realidad es un reclamo por la riqueza. Ningún político prometerá igualdad a las masas diciéndoles que los va a nivelar con los de abajo. Lo que promete es que los subirá de nivel sacando dinero a los más ricos. Si bien a nivel político el discurso igualitario es rentable, ya que promete más beneficios a las personas y explota la envidia recurriendo al odio de clases.

Lo cierto es que individualmente las personas no quieren ser iguales al resto.

Es como el niño de 10 años que regresa de un partido de fútbol y el padre le comenta que jugaba "igual que los demás". Lo que hace el papá es decirle que estuvo genial y destaca las cualidades que lo distinguen de otros.

Del mismo modo, tan pronto como pueden, las personas se mudan a mejores vecindarios, se unen a clubes privados o compran marcas que muestran status.

Incluso un sociólogo de izquierda como François Dubet reconocería que al final es la gente la que "prefiere la desigualdad", y que esto se debe a razones mucho más complejas que culpar a un sistema económico en particular, como suelen hacer los socialistas.

Dubet, a pesar de ser de izquierda, reconoce el hecho esencial de que la igualdad no es lo que la gente busca en ningún nivel social. Según el francés, todos aquellos que pueden -y que no son necesariamente los más ricos- quieren desarrollar un capital social endógeno, viven en los mismos barrios por el medio ambiente, la seguridad y la estética urbana, por no hablar de la sectorización escolar. Los individuos no buscan las desigualdades, pero sus decisiones las engendran.

La cuestión es que no está en nuestra naturaleza buscar la igualdad con los demás, sino más bien nuestra prosperidad y la de quienes nos rodean. La desigualdad material es, por lo tanto, esencialmente un resultado inevitable de nuestra naturaleza más profunda.

Es absurdo reclamar igualdad de resultados cuando la naturaleza y nuestros respectivos entornos nos han hecho a todos tan desiguales. La búsqueda de la mejora está en la esencia del ser humano.

El igualitarismo material es profundamente inmoral porque para intentar lograrlo debe basarse en el uso de la violencia contra las personas, prohibiéndoles ser lo que son o beneficiarse del ejercicio de su libertad.

Eso es lo que buscaba el socialismo y por eso condujo inevitablemente a regímenes totalitarios donde todos vivían en la miseria. Eso es lo que logró el socialismo, sin excepción, allí donde se practicaba.

Lo que se puede y ciertamente se debe hacer es ayudar a estar mejor a los que están en peor situación, pero eso no es buscar la igualdad, sino el progreso de los rezagados, sin importar lo bien que lo estén haciendo los demás.

Esta diferencia es fundamental, porque no es lo mismo querer que todos sean iguales a que todos sean MEJORES.

El primero se logra con la fuerza estatal que reprime la libertad, el segundo requiere libertad para generar prosperidad y un apoyo específico del Estado que puede o no resultar en una mayor igualdad. Pero los pensamientos y acciones de tinte igualitarios insisten en que no importa que todos progresemos porque se mantienen las diferencias en ingresos y oportunidades hay injusticias.

Aquí entramos en un tema de relativa desigualdad que molesta a los que llamo: "social-cristianos". Llegamos a un punto en el que podemos decir que desde un punto de vista moral no tiene sentido decir que la igualdad es buena en definición. El igualitarista dogmático no ve esta parte y trata de lograr una igualdad impuesta desde el Estado que, finalmente, solo frena el progreso de los más pobres sin llegar ni siquiera a la igualdad que busca. (1)

La inmoralidad del igualitarismo es entonces doble: por un lado amenaza la libertad y la diversidad humana, que son valores esenciales, y por otro lado condena a aquellos a los que intenta ayudar a bajar los niveles de progreso.

Al final del día, la cuestión de buscar la igualdad es una falacia.

Este concepto crea un pensamiento que se ve reforzado por la "*injusticia social*" que enfrenta cada generación y lo que busca es que los "justicieros" se levanten para reclamar sus derechos, creando un vacío en nuestra Sociedad.

Refiriéndonos a estos dos primeros capítulos, de hechos históricos, deberíamos ver que no estamos luchando con cualquier cosa o ante eventos fortuitos.

Estamos ante patrones de pensamiento que producen una cultura hostil contra la libertad que tenemos incluso en Cristo; llámelo a estos esquemas demonio, espíritu de las tinieblas, o espíritu del anticristo u obra satánica.

Todo esto ha creado una Fortaleza y una serie de eventos donde la Iglesia está en el medio sin saber, de repente, qué dirección tomar.

Permítanme comenzar conectando algunos puntos con declaraciones que ayudarán a identificar estos vientos en contra. Vemos en el Libro Bíblico de Daniel la narración de cuando el Rey Nabucodonosor tuvo un sueño y requirió que alguien le diera la interpretación.

El capítulo dos de dicho libro tiene detalles sorprendentes. Allí, se registran datos específicos de esta estatua según el sueño del Rey. La cabeza de la estatua era de oro, luego sus brazos y pecho eran de plata, su vientre y muslos de bronce.

Luego habla de sus piernas de hierro y sus pies que son en parte hierro y arcilla. (Daniel 2: 32-33) La interpretación que da Daniel es exacta; cada parte representa reinos que vendrán después del existente.

Cada reino representa diferentes épocas, diferentes culturas, costumbres y diferentes formas de gobernar y conquistar.

Pero hay un detalle que no podemos tocar a la ligera; y se encuentra en el versículo 44 del capítulo 2.

"Y en los días de estos reyes, el Dios del cielo levantará un reino que nunca más será corrompido: y este reino no será dejado a otro pueblo; que se derrumbará y consumirá todos estos reinos, y permanecerá para siempre".

¿Nota la seguridad de las Escrituras? ¡En los días de estos reinos!

En otras palabras, llegará el momento en que estos reinos estén operando al mismo tiempo. Se trata de su forma de proceder y costumbre. Recuerde que estamos hablando del sueño de Nabucodonosor; donde Daniel por inspiración de Dios interpreta el misterio.

Cada parte de la estatua eran reinos diferentes. El de Babilonia, los Medos y los Persas, luego los Griegos y finalmente el Imperio Romano. Cada uno con sus cualidades y defectos. Nabucodonosor le cuenta a Daniel el sueño y hay un detalle en el versículo 34.

"Estabas mirando, hasta que una piedra fue cortada, no con mano, la cual hirió a la imagen en sus pies de hierro y de barro cocido, y los desmenuzó."

En cuanto a este relato Daniel interpreta y declara en el verso 45.

"De la manera que viste que del monte fue cortada una piedra, no con manos, la cual desmenuzó al hierro, al metal, al tiesto, á la plata, y al oro; el gran Dios ha mostrado al rey lo que ha de acontecer en lo por venir: y el sueño es verdadero, y fiel su declaración."

Creo que estos días son los momentos en el que estos reinos están operando al mismo tiempo. El totalitarismo, la soberbia del humanista, los reclamos por la igualdad total y los derechos personales, ideologías y filosofías que socavan sutilmente la vida del ser humano. Son como vientos contrarios golpeando el rostro de cada habitante de este planeta.

Esta es la mayor señal de que "la Piedra", no hecha por manos, aparece y da un golpe contundente a la estatua y como dice la Escritura, poner fin a cada uno de esos reinos y que el reino que asciende a través de la Piedra permanece para siempre.

La complejidad de la situación es que a lo que nos enfrentamos se le ha dado tantos nombres que las personas que asisten a la iglesia asumen la posición de no meterse en este tipo de dinámicas porque piensan que la cosa no está con ellos.

Por ejemplo, el cristiano que viene de Centroamérica o de algunos países de Sudamérica donde la corrupción en el gobierno ha sido rampante, piensa que ser parte de la política de un país es ser parte de la corrupción y por eso hasta ven pecado en ser una voz política en esos países. Por otro lado, no ven con buenos ojos que hombres y mujeres de Dios se involucren en estos procesos. Mientras tanto los vientos contrarios (económicos, políticos, sociales) continúan azotando sus países provocando que emigren a otras naciones como los Estados Unidos de América o incluso a países europeos en busca del bienestar de su familia. Con este panorama, se repiten ciclos en el tiempo que promueven el deterioro de la familia y realmente se desconoce a que se enfrenta en el presente o como serán las consecuencias de lo que vivimos todos los días.

Por ejemplo, el tema del aborto en Estados Unidos.

En 1970, las recién graduadas de la Facultad de Derecho de la Universidad de Texas, Linda Coffee y Sarah Weddington, presentaron una demanda en el estado de Texas en representación de Norma L. McCorvey ("Jane Roe"). McCorvey afirmó que su embarazo había sido producto de una violación.

El fiscal de distrito del condado de Dallas, Texas, Henry Wade, representó al estado de Texas, que se opuso al aborto.

El Tribunal de Distrito falló a favor de Jane Roe, pero se negó a imponer una restricción a las leyes de aborto. El caso fue apelado reiteradamente hasta que finalmente llegó a la Corte Suprema de los Estados Unidos, que finalmente en 1973 decidió que la mujer, protegida por el derecho a la intimidad - bajo la cláusula del debido proceso de la Decimocuarta Enmienda- podía elegir si o no continuar con el embarazo.

Este derecho a la privacidad se considera un derecho fundamental bajo la protección de la Constitución de los Estados Unidos y, por lo tanto, ningún estado podría legislar contra él.

La Sra. Mc Corvey, más conocida como Jane Roe, dio a luz a su hija mientras el caso aún no se había decidido. El bebé fue dado en adopción. El caso Roe vs Wade, 410 U.S. 113 (1973) fue finalmente decidido por la Corte Suprema, lo que llevó a una decisión histórica sobre el aborto.

Según este fallo, la mayoría de las leyes antiaborto en los Estados Unidos violan el derecho constitucional a la privacidad bajo la cláusula del debido proceso de la Decimocuarta Enmienda a la Constitución. La decisión obligó a modificar todas las leyes federales y estatales que prohibían o restringían el aborto y que eran contrarias a la nueva decisión. Esta decisión de la Corte fue interpretada como la despenalización del aborto para los 50 estados de la Unión.

Ahora, hagamos una pausa y echemos un vistazo a lo que comenzó en la década de 1960 y principios de la de 1970 que prepara el escenario para esta gran obra teatral. Después de la Guerra de Vietnam, la Nación comenzó a recibir a sus soldados, tanto a los caídos en el conflicto como a los que habían sido bendecidos para regresar vivos pero totalmente afectados por el conflicto.

A su regreso, descubren que una Nación por la que habían dado su vida no era la misma que los lanzó a la Guerra.

Estados Unidos estaba involucrado en otro conflicto racial y la sociedad estadounidense también estaba reaccionando contra el movimiento de derechos civiles que en ese momento luchaba contra la segregación racial, además de la era "hippies".

De toda esta serie de conflictos surge el famoso "Verano del amor" (1967) donde miles de jóvenes asumieron la tarea de promover su estilo de vida libre; y cuando hablamos de un libertinaje, fue verdaderamente un estilo de vida libre.

El apogeo del movimiento tuvo lugar en agosto de 1969 cuando se celebra el famoso festival de Woodstock, al que asistieron más de 500 mil jóvenes de todo el país.

Si bien esta subcultura juvenil tuvo su inicio en los Estados Unidos, rápidamente tuvo su "globalización", extendiéndose a Chile, Argentina y México.

Esto sin dejar de lado la ruta que muchos hippies empezaron a trazar por Europa y Oceanía. Todo esto marca una "tendencia" en otros países que buscan igualar el estilo de vida e incluso superarlo en sus territorios.

¿Qué tiene esto que ver con el aborto? Este ambiente que promovía el sexo libre y era conocido por el abuso de sustancias tóxicas resultó en que muchas mujeres jóvenes quedaran embarazadas y después de despertar de su "sueño" de amor se encontraron con una realidad no deseada.

No es casualidad que en medio de esta época saliera al escenario el caso Roe vs Wade.

A lo que nos enfrentamos son los efectos de las décadas posteriores que han ido marcando pautas hasta el día de hoy. Llámense socialistas, progresistas, comunistas, izquierdistas; lo que estos grupos buscan lograr es que los asuntos personales se politicen mediante la creación de leyes que apoyen sus agendas.

Es de destacar que lo que estos grupos y tendencias buscan lograr es que los asuntos personales se excedan, se desborden, se politicen mediante la creación de leyes que apoyen sus agendas y sus propias tendencias.

(1)   *La igualdad social y política y sus relaciones con la libertad-*
      Concepción Arenal

Capítulo 3

¿Hasta dónde ha llegado esto?
¿Hasta dónde⋯?

Verdaderamente hemos llegado a un punto en la historia de la raza humana donde los cambios de los tiempos son puntuales.

Vivimos en medio de una sociedad que "adora" el opinar de cualquier cosa. Es de tal magnitud que se recurre a todo, sin medias tintas para que la opinión de cada uno se haga escuchar. La era de las redes sociales ha sabido manejar ese mercado muy bien y aprovechar cada espacio que se le conceda.

Opinión y más opinión es el negocio, la ocupación o el cruel entretenimiento del día pero ha llegado al punto que la suma de opiniones traen desinformación, desorientación, caos, confusión, creando la atmósfera perfecta para se manipule a un pueblo que de alguna manera busca ser escuchado.

En medio de este incierto panorama surgen estas "nubes" de teorías conspirativas que pretenden mantener al ser humano dividido en opiniones.

La primera que usa el término de "teoría de conspiración" fue la Agencia Central de Inteligencia (CIA); dando así la respuesta del Gobierno a sucesos tales como la muerte del presidente J.F. Kennedy. Podríamos decir que desde esos acontecimientos se comenzó a usar este tipo de desinformación que en verdad es para que un grupo de la población los apoye y se mantenga la rueda en marcha.

Los Servicios de Inteligencia usan este tipo de dinámica. Para que cuando surja algo realmente verdadero la teoría le baje los deciveles y así se diluya o se pierda credibilidad.

Los medios nunca revelarán quien verdaderamente está detrás de la noticia. Tampoco de quienes están detrás de las legislaciones del asunto tales como la educación sexual, que es el tema del momento.

Grupos como la Open Society, tiene contrato con el Ministerio de Educación en Argentina para reformar la educación y orientación sexual en todos los niveles de escuelas.

La organización no gubernamental más poderosa del planeta en cuanto a este tema es Planned Parenhood. No es un secreto que esta Organización ofrece servicios de salud reproductiva, incluyendo abortos y que dentro de su presupuesto reciben más de US$ 530 millones de financiamiento gubernamental de los EEUU. Múltiples investigaciones de la justicia estadounidense encontraron que esta agencia comercializa con tejido fetal.

Estas organizaciones, que no son otra cosa que "Falsas Banderas" comienzan a financiar otro tipo de movimientos que lo que hacen es tratar de promover y revertir la visión antropológica del sexo.

¿Cómo logran estos grupos tener entrada en nuestra Sociedad?

Encuentran brechas políticas y fracturas sociales que utilizan como entrada la necesidad social de la igualdad, derechos de los individuos y de esa manera pueden "vender muy bien" su mensaje de que están preocupados por la educación de los niños y la igualdad para todos.

¿De dónde provienen estas Ideas?

Toda moda comienza con una tendencia. Toda tendencia tiene como vehículo el Populismo. Estas ideas quizás tienen su nacimiento en el año 1990, en una reunión que se llamó el Foro de San Pablo(*).

Cuando Fidel Castro triunfa en el año 1959, muchas otras organizaciones políticas de otros países copiaron el modelo de guerrillas marxistas para incorporarlo a sus propias naciones e intereses: de allí la FARC en Colombia, ERP/Montoneros/Tacuara en Argentina, Tupamaros en Uruguay, Allende en Chile.

Todos venían financiadas o influenciados por la URRSS y entrenados por Cuba. Esto es un secreto a voces.

El muro de Berlín cae en 1989 y lo que conocía como la Unión Soviética cae con él; dejando a países como Cuba sin dinero para financiar su política comunista. De allí surge la iniciativa de cómo Cuba podría sobrevivir en medio de la caída y la falta de recursos.

Es por eso que Fidel Castro busca un joven marxista, de una de las familias más millonarias de Sur América- Lula Da Silva- para que sea el impulsador de este nuevo movimiento. En el primer foro asisten todos los presidentes de izquierda, sindicalistas, guerrilleros marxistas de la región. La idea central de este Foro era dejar el fusil y buscar la formación de partidos políticos, para así manipular la democracia y llegar al poder. Ya la lucha no será matar gente ni ir al monte, sino de una HEGEMONÍA CULTURAL. Es a través de este mensaje Populista que dividen las sociedades con odio. De allí que este foro se reunió todos los años desde el 1990.

El primer presidente que ponen en el poder es Hugo Chávez en Venezuela. Es allí que desde el 90 al 98 se vive en Cuba el período especial- miseria total.

Pero es allí donde entra el petróleo Venezolano a reemplazar a "mamá" Soviética que se desploma en el 1990. Luego se desploma el precio del petróleo y lo que reemplaza a esta provisión es la droga, en gran parte manejada por las FARC y otros grupos.

Si no comprendes la magnitud regional de cómo está esto organizado, no se podrá vencer. Si un país es miembro del Foro le está diciendo al mundo que el socialismo del siglo 21 es la vía. ESTOS SOCIALISTAS NO PIENSAN EN DÉCADAS sino en siglos.

Varios países estuvieron en ese Foro. Estos fueron Cuba- Partido Comunista, Colombia- FARC, Salvador con el FNL, Nicaragua con el Frente Sandinista, Guatemala siendo representado por la UNRG y finalmente México con PRD.

Es seguro que si has llegado hasta este punto, te estés preguntando:
¿Qué tiene que ver todo esto con la Iglesia?

Es posible que parte de los datos históricos que te he compartido son evidencia empírica de un plan anti-Cristo que viene aún desde los tiempos que el mismo Jesús estuvo en la tierra; que mientras unos están esperando un hombre para identificarlo como el Anticristo, esta verdadera bestia ha venido moviéndose bajo nuestras narices por siglos. Nos faltaría tiempo y papel para describir y mencionar otras "cabezas" de esta "Bestia" como lo son movimientos como el de anti-fascistas. Las personas que participan en estas corrientes suelen tener opiniones con tendencias de izquierda pero a su vez son anarquistas, comunistas y socialistas; entre ellos hay ecologistas, defensores de los derechos de los LGBT o de grupos indígenas.

Lamentablemente muchos en verdad son utilizados y se convierten en la mano de obra barata de la Violencia. Actúan de manera descentralizada, aparentemente sin conexiones pero siempre dañina, nunca van a fomentar la construcción de algo, sino proclaman y persiguen lo antagónico, la imposición de sus pensamientos en la manera y la forma que quieren, para que una vez que el daño esté producido se abalancen otras organizaciones ligadas a ellas, como "BLM", (Black Live Matter) se lave las manos.

En medio de estos grupos se levanta una "falsa filantropía" cuyo lema es: "Lo hago por el Pueblo." Suena la campana y el "ring" de boxeo está preparado en el 1989. Allí comienza el populismo moderno, que en verdad es un rejuvenecimiento de otros siniestros populismos desarrollados en la historia.

De esta manera, en América Latina las dictaduras se convierten en gobiernos civiles, pero es en realidad cuando el Populismo usa su arma de destrucción masiva: infundir odio en la Sociedad, dividiéndola, hacer bandos irreconciliables aún dentro de una misma nación.

El efecto de ese odio es lograr que la sociedad deje de cooperar. Una vez que el Populista gana, su fin es eliminar del legislativo toda la oposición. Por eso compran o corrompen jueces, para que no fiscalicen o sus fallos siempre salgan de acuerdo a lo que esos mismos populismos necesitan.

Siempre buscan Reformar Constituciones de las naciones, para así lograr limitar la libertad de expresión, anulan al individuo en nombre del pueblo, delimitar a la propiedad privada y restringir a la prensa. Como último eslabón anulan al individuo en nombre del pueblo.

Pero esto no queda aquí; ya que por la otra parte el mismo tiempo que ese pequeño grupo de "héroes" socialistas estuvieron en el Foro de San Pablo, los presidentes Latinoamericanos de derecha electos se reunieron en Washington, DC, donde establecieron el Consejo de Washington. De allí se creó un contra-ataque a la política de izquierda llamada: NEO -Liberalismo. El neoliberalismo es según su definición una teoría política y económica que tiende a reducir al mínimo la intervención del Estado.

También ha sido definido como «una forma de liberalismo que apoya la libertad económica y el libre mercado, cuyos pilares básicos incluyen la privatización y la desregulación.

Este tipo de política es lo que la izquierda declara que la causa de los males que se están viviendo es por causa de este Neo-liberalismo.

Hasta aquí podemos decir que la Historia nos atropella antes que podamos entenderla. Todas las descripciones anteriores nos llevan a un "péndulo" que viene y va esperando que algo suceda en favor del "Bienestar del Pueblo."

Al final del día lo que emerge es un "hartazgo", gente harta de lo que cada jornada ve, vive o sufre. Aún más, ver como los que están en el poder hacen negocios con el dinero ajeno; y sin mencionar de cómo el poder Ejecutivo crece hasta llegar a un estado absolutamente totalitario. Pero como fueron elegidos democráticamente, por voluntad del pueblo, solo se marcará la línea del ausentismo en las urnas.

Es aquí que se presenta el "cuadrilátero de boxeo" y se prepara el enfrentamiento que nunca acaba entre estas dos clases creadas por estos sistemas: los Pobres y los Ricos.

¿Quién podrá detener esta Bestia?

(*)**Foro de Sao Paulo**: Le siguió el triunfo de **Luiz Inácio Lula da Silva** del **Partido de los Trabajadores** en 2002 en **Brasil**, luego **Tabaré Vázquez** del **Frente Amplio** en **Uruguay** en 2004, **Evo Morales** por el **Movimiento al Socialismo** en **Bolivia** en 2005, **Michelle Bachelet** del **Partido Socialista de Chile** en 2006, **Rafael Correa** por **Alianza PAIS** en **Ecuador** en 2006, **Daniel Ortega** por el **Frente Sandinista de Liberación Nacional** de **Nicaragua** en 2006, **Fernando Lugo** por la **Alianza Patriótica para el Cambio** (hoy **Frente Guasú**) a la cual pertenecen varios miembros del Foro de Sao Paulo en **Paraguay** en 2008, **José Mujica** por el **Frente Amplio** en **Uruguay** en 2009, **Mauricio Funes** del **Frente Farabundo Martí de Liberación Nacional** de **El Salvador** en 2009, **Dilma Rousseff** por el **Partido de los Trabajadores de Brasil** en 2010, **Ollanta Humala** por el **Partido Nacionalista Peruano** en 2011, **Nicolás Maduro** del **Partido Socialista Unido de Venezuela** en 2013. Michelle Bachelet del Partido Socialista de Chile nuevamente ganó las elecciones en 2014 y **Salvador Sánchez Cerén** del Frente Farabundo Martí de Liberación Nacional en 2014. También hubo miembros del Foro de Sao Paulo que han formado parte de las coaliciones gubernamentales que respaldaron la candidatura y eventual gobierno tanto de **Néstor Kirchner** como de su sucesora y esposa **Cristina Fernández** en **Argentina**, El Foro de Sao Paulo también estaría apostando de la mano del PCCh por el triunfo de Gustavo Petro en Colombia, y de Lula da Silva en Brasil.

Capítulo 4

Tiempo de Conocer los Tiempos

Era imperativo mencionar estos puntos de la historia para conocer hasta donde llegó la magnitud de los daños directos y colaterales que ha producido la implementación de estos sistemas políticos y de gobiernos en nuestra sociedad. Es evidente que la Iglesia está enfrentando algo de gran magnitud, agravado en parte, por el desconocimiento de gran parte de la población. La Iglesia es una paradoja. No es lo que el mundo piensa que es. La Iglesia es una casa y una ciudad, un ejército, también una novia, un edificio y un cuerpo. Cada uno de estos conceptos está diseñado para estremecernos y estirar nuestro pensamiento y prácticas más allá de nuestra capacidad. Eso significa que deberíamos comprender la diferencia entre la vulnerabilidad y la inseguridad en los tiempos que transitamos y así reconocer que todo trato de Dios hacia nosotros debería crear y aumentar una máxima dependencia de Él.

Es por eso que la gente ve su propia pequeñez en lugar de la majestad de Dios.

Cuando no se manejan los tiempos debidamente se produce una inseguridad creando un ámbito de incredulidad. Tales personas no pueden lograr cambios, porque no pueden mudar sus debilidades en poder.

Los Dones de formación (Apóstoles, Profetas, Evangelistas, Pastores, Maestros) son dados como verdaderas parteras; dados a entrenar, equipar, fortalecer, y liberar el Cuerpo de Cristo.

Cada casa o comunidad o grupo de Fe es como un vientre, y representa ese lugar de crecimiento y estiramiento mientras que la vida interior se va formando. Cada Iglesia tiene ese vientre.

Cuando la Guerra de las Maestrías entra en medio del proceso, cambios se producen y en vez de tener un Cuerpo sensible a la presencia de Dios, tenemos una Iglesia que se ha convertido en un monumento conmemorativo de lo que Dios hizo.

La Iglesia debe volverse sensible a la presencia del Altísimo, no sensible a las multitudes o a los estereotipos que se ponen de moda.

El nuevo odre debe ser definido proféticamente. La nueva estructura de la Iglesia requiere estructura apostólica.

Es aquí que, como las parteras en Egipto, cuando los hijos de los israelitas estaban por nacer, ellas se adelantaban a los tiempos y llegaban antes que los mensajeros del faraón llegaran para así ayudar al parto y que el diseño no se perdiera.

Lo que la Guerra de las Maestrías ha causado es darle forma a las ideas humanas que han hecho que el diseño de Dios no sea efectivo. Estamos a punto de conectar los primeros tres capítulos con el tema principal de este libro.

Comienzo por decir que una idea da formas a la manera en que pensamos, creando una ideología. Esto, a su vez, puede afectar nuestra teología. Nuestra teología puede ser moldeada para encajar con nuestras ideas de cómo tendrían que ser las cosas.

Vemos en el tratado Bíblico la parábola de los trabajadores en el campo. (Mt.20:1-16) A todos se les pagó el mismo sueldo, no importando las horas trabajadas.

Cuando los que habían trabajado todo el día vieron que a los últimos se les daba el mismo salario protestaron. La parábola encierra una teología que habla del derecho que tiene Dios de hacer lo que Él quiere con Su diseño y sustancia. Estos obreros que protestaron no entendieron la postura de Dios; rezongando y reclamando que habían trabajado más duro y por más tiempo. La idea de estos obreros era que debían ser remunerados por el tiempo que habían invertido. Esto es perfectamente válido, pero no encaja con el punto de vista de Dios y con su práctica.

La teología de ellos estaba arraigada en su propia ideología acerca de lo que es justo y de lo que está bien. Es por eso que estaban molestos a causa de su propia percepción de cómo debían funcionar las cosas. Una opinión de cómo deben de ser las cosas, tarde o temprano, se convierte en una ideología cuando intentamos rodearla de ética y moralidad.

En base a esa ideología percibida o formada, construimos una teología. ¿Qué tan peligroso es esto? No hay palabras para describir el efecto devastador de esta cadena que comienza con una "simple" opinión.

Cuando se lleva esa opinión ante el "cómo nos sentimos", tomamos o manipulamos las Escrituras para confirmar nuestras emociones, dejando sin efecto el propósito y la integridad de la palabra. Es aquí donde se invalida el mandamiento por causa de la tradición.

> *"...ya no ha de honrar a su padre o a su madre. Así habéis invalidado el mandamiento de Dios por vuestra tradición."*
> *Mateo 15:6*

Es en este punto donde la ideología y la teología producen una filosofía que tiene sus raíces en un concepto mental de Dios y una fe fingida y no en un contexto espiritual. Es por eso que la teología y las ideologías no se deben mezclar.

La Iglesia que vemos hoy, en gran parte es el producto de esas mezclas ya que aún se siguen preguntando:

¿Qué tiene que ver la historia del comunismo, las ideologías, la izquierda o derecha con lo que se está viviendo hoy?

Mucha de la teología que hoy se expresa es producto de ideologías que vienen de un mecanismo de manipulación para defender una idea personal que fue producto de esa Guerra de Maestrías como reacción a políticas e ideas económicas que marcaron una nación. Vemos en los países de Latinoamérica, donde la izquierda ha gobernado, a una iglesia pobre, llena de limitaciones y reaccionando en contra de esos mismos gobiernos; llevando años tratando de cambiar algo pero la realidad es que van de mal en peor.

Otras iglesias comienzan a abrazar teorías de conspiración, convirtiendo a esas mismas ideas conspirativas en el centro de sus mensajes. Así, las que di como ejemplo, las parteras (Dones del Ministerio) ahora están tratando de mantener lo que queda y vendiendo sueños para no perder lo poco que han logrado mantener para así justificar lo que llaman "sus ministerios" en medio de tiempos difíciles.

Por otro lado es conveniente analizar algo de lo que sucede en los países de derecha o que han abrazado el capitalismo.

Es visible que muchas de sus acciones están trasformadas en un libertinaje atroz, como si nada les importara, solo desvelados por fantasías y para crear riquezas para consumir, gastar y volver a consumir.

Lo que hoy tenemos en miles de iglesias es un abordaje de un ministerio con un direccionamiento dirigido por un sólo hombre, que además no tiene sólido apoyo en la Escrituras.

Al final del día estos hombres, es probable que hayan desarrollado una gran audiencia pero no contribuyen ni edifican una casa, desarrollan una ciudad, alistan un ejército o preparan los mejores atavíos para la novia.

La mayor parte de los cristianos carismáticos se ha despedido de su cerebro en la búsqueda de la "experiencia espiritual"; creando así un cristianismo seco, ritualista y cerebral.

Debemos reconocer que la verdadera y profunda teología no proviene de escritos o de escuelas sino que nace de corazones penitentes, de espíritus sumisos a Dios y de mentes renovadas. La verdadera teología no tiene como fin solo presentar argumentos, sino también demostrar de manera creativa la naturaleza de Dios y el carácter de Dios a través de sus palabras y de su obra.

La teología y la experiencia se combinan para entrenar al pueblo de Dios para la obra del ministerio. Mucho de lo que se aprende en la escuela bíblica o en el seminario, no sirve en el proceso de construir la iglesia para cumplir el diseño de Dios.

Debemos tener una forma de pensar y una teología que sean prueba de la voluntad de Dios para evaluarnos y hacernos la siguiente pregunta:

¿La vida de la Iglesia sirve a la estructura y al programa? O por el contrario: ¿El programa y la estructura producen vida y fe en relación al servicio al Señor?

De una cosa estoy seguro y es que con todo este estilo de liderazgo postmoderno, hemos creado una iglesia consumidora en vez de una Iglesia productora.

Al no entender los tiempos, se pierde de vista tantos detalles que son los que nos afirman en nuestro destino. Es aquí donde la tentación sobre tu identidad es constante: ¡¡SI ERES Hijo… di a esta piedra…!!

Pero… ¿Y si no conoces quien eres?
Puedo asegurar que las GENUINAS Maestrías estarán allí para decirte lo que eres.

Aquí es cuando muchos, como el pueblo de Israel, buscan la brecha para adquirir seguridad en lo que dejaron y no depender de la incertidumbre de lo impredecible de Dios en sus vidas.

Buscan seguridad en lo que ellos saben manejar, en sus prácticas e ideologías, dándole forma a una teología que los cautiva o los hace presos de un paradigma que no les deja avanzar en el Reino de Dios.

Entonces unos optan por ser ritualistas y místicos, mientras otros proclaman ser judíos y guardar prácticas judaizantes, simplemente porque sus ideologías los llevan a ser algo que no son y vivir en lo que no han sido llamados. El Apóstol Pablo amonesta a cuidarnos de estas filosofías y de no caer en las corrientes del mundo (*Maestrías*) que nos llevan a ser tentados en cuanto a la plenitud que ya tenemos en él.

"Mirad que ninguno os engañe por filosofías y vanas sutilezas, según las tradiciones de los hombres, conforme a los elementos del mundo, y no según Cristo."
Colosenses 2:8

"En los cuales anduvisteis en otro tiempo, siguiendo la corriente de este mundo, conforme al príncipe de la potestad del aire, el espíritu que ahora opera en los hijos de desobediencia."
Efesios 2:2

Es evidente lo devastador que es la desobediencia ya que abre una puerta a que esas corrientes hagan su trabajo, haciendo que el hombre no entienda el poder de la plenitud en Cristo, socavando así la verdadera

De una cosa estoy seguro y es que con todo este estilo de liderazgo postmoderno, hemos creado una iglesia consumidora en vez de una Iglesia productora.

Al no entender los tiempos, se pierde de vista tantos detalles que son los que nos afirman en nuestro destino. Es aquí donde la tentación sobre tu identidad es constante: ¡¡SI ERES Hijo... di a esta piedra...!!

Pero... ¿Y si no conoces quien eres?
Puedo asegurar que las GENUINAS Maestrías estarán allí para decirte lo que eres.

Aquí es cuando muchos, como el pueblo de Israel, buscan la brecha para adquirir seguridad en lo que dejaron y no depender de la incertidumbre de lo impredecible de Dios en sus vidas.

Buscan seguridad en lo que ellos saben manejar, en sus prácticas e ideologías, dándole forma a una teología que los cautiva o los hace presos de un paradigma que no les deja avanzar en el Reino de Dios.

Entonces unos optan por ser ritualistas y místicos, mientras otros proclaman ser judíos y guardar prácticas judaizantes, simplemente porque sus ideologías los llevan a ser algo que no son y vivir en lo que no han sido llamados. El Apóstol Pablo amonesta a cuidarnos de estas filosofías y de no caer en las corrientes del mundo (*Maestrías*) que nos llevan a ser tentados en cuanto a la plenitud que ya tenemos en él.

"Mirad que ninguno os engañe por filosofías y vanas sutilezas, según las tradiciones de los hombres, conforme a los elementos del mundo, y no según Cristo."
Colosenses 2:8

"En los cuales anduvisteis en otro tiempo, siguiendo la corriente de este mundo, conforme al príncipe de la potestad del aire, el espíritu que ahora opera en los hijos de desobediencia."
Efesios 2:2

Es evidente lo devastador que es la desobediencia ya que abre una puerta a que esas corrientes hagan su trabajo, haciendo que el hombre no entienda el poder de la plenitud en Cristo, socavando así la verdadera seguridad y rumbo que debe tener la iglesia de este tiempo.

Porque en él habita corporalmente toda la plenitud de la Deidad, y vosotros estáis completos en él, que es la cabeza de todo principado y potestad
Colosenses 2:9-10

Cuando el ser humano desconoce esta plenitud su tendencia es buscar algo que en esencia no es. Esto pasa con el judaísmo. Si alguien tuvo lucha y guerra con las Maestrías fue el apóstol Pablo. Él era judío, criado a los pies de Gamaliel. Pablo tenía de que gloriarse.

Pero al final del día su declaración fue contundente: *"Todo esto lo tengo por basura, para ganar a Cristo". Filipenses 3:8*

El mismo apóstol dijo que la Jerusalén actual da hijos para esclavitud. Pablo por revelación entendió que ahora pertenecía a la Jerusalén de arriba, la cual es madre de todos nosotros.

Esta Jerusalén representa el nuevo pacto y la libertad gloriosa de los hijos. *Gálatas 4:21-31*

Hoy vemos como hay iglesias que promueven esa cultura como cultura de Reino y no se dan cuenta que ese tipo de cultura solo es un conjunto de ritos sin vida.

La teología de Pablo estaba basada en la voluntad de Dios y no era producto de ideologías humanas y prácticas que en su momento hicieron nulo el mandamiento. Pablo declaró que los que han sido bautizados en Cristo, de Cristo están revestidos; y allí no hay judío, ni griego; no hay esclavo ni libre; no hay varón ni mujer; ya que todos somos uno en Cristo.

Así como Pablo, que en un momento dio su vida por lo que creyó en el judaísmo, luego de ser confrontado, supo ganar la batalla de las Maestrías dando a Cristo su lugar. No dejando cabos sueltos y concluyendo que aquello era sombra de lo que había de venir; pero al final el cuerpo es de Cristo. *Colosenses 2:17.*

Es aquí donde el cambio de paradigma debe tener lugar ya que esta verdadera transformación de modelo llega con lo profético, porque sus raíces están y se nutren en el corazón de Dios.

Esta verdadera metamorfosis se produce cuando nuestras mentes renovadas trascienden a nuestro comportamiento y a la manera en la que operamos. El problema es que las personas piensan o están solo en búsqueda de nuevos paradigmas pero sus comportamientos nunca experimentan los cambios imprescindibles para una nueva manera de vivir su relación con Cristo.

He nombrado muchas veces la palabra paradigma y es hora de analizar correctamente de donde se deriva:*"paradeigma"*, que significa "patrón". Un patrón es un modelo o una guía para hacer algo.

Un paradigma se relaciona con el conjunto de creencias que, generalmente, se esconden en códigos de conducta con el que interpretamos los hechos que se suceden en nuestras vidas.

Cuando se cambian los paradigmas, vemos y comprendemos información nueva, pero eso cambia la manera misma en que percibimos y entendemos. Tal vez el entorno no cambia pero si nuestra apreciación y respuestas se han trasformado.

Recuerda: Dios no construye lo nuevo de lo viejo. Lo viejo se termina.

Por lo tanto, si alguno está en Cristo, es una nueva creación. ¡Lo viejo ha pasado, ha llegado ya lo nuevo!
2 Corintios 5:17

Es absolutamente necesaria una nueva revelación para saber qué es lo nuevo y cómo funciona.

La naturaleza de la Iglesia sigue siendo la misma, pero el modelo de operación de la Iglesia es reconstruido, mientras aprendemos a ocupar un nivel nuevo de revelación y práctica.

Estamos siendo modificados constantemente en la imagen de Cristo, mientras Dios tiene Su voluntad perfecta en nuestros ministerios. Por eso, la guerra que se está peleando tiene que ver con que la Iglesia mantenga la naturaleza y el carácter de Dios, mientras que Él "re-desarrolla" el rol y el modo de operar de la Iglesia, para que esta se ajuste a la siguiente dimensión de poder que se le ha conferido.

En Latinoamérica por ejemplo, en la mayoría de los casos el evangelio vino por la obra social o de ayuda que se ofrecía.

Esto provocó un paradigma gobernante que no se sabía si la iglesia era una subsidiaria de pobreza o una institución creada para el pueblo que atendía necesidades primarias.

Es aquí cuando Dios interviene y crea momentos de transición drásticos que marcan la pauta para que los líderes conformen el corazón de Dios. El problema llega cuando consideramos el liderazgo como un título; ya que el genuino liderazgo es una función.

Si vemos estas cosas como títulos, nuestra meta y tendencia será aferrarnos al cargo que creemos que es nuestro, dando lugar a quedar indefensos ya que la Guerra de las Maestrías se llevará la victoria. Esto crea facciones rivales haciendo que cada persona defienda su posición.

¡En el Cuerpo de Cristo no hay status!

El punto del liderazgo en el ministerio es producir un cuerpo de personas capaces de hacer el trabajo. Lo que se ha producido en nuestras universidades y seminarios es un liderazgo que lo hace todo. Predicar sermones y lanzar una buena palabra se ha convertido en la meta, en lugar de la producción de discípulos, para hacer el trabajo del ministerio.

La ortodoxia bíblica se ha convertido en un desierto estéril de religiosidad organizada. Se defiende la verdad hasta las últimas consecuencias, lo cual es admirable, pero no se vive esa verdad plenamente.

Recuerda: Los servicios estereotípicos producen creyentes estereotípicos*.

*Se conoce con el nombre de estereotipo (del griego: στερεός [stereós], «sólido», y τύπος [typos], «impresión, molde»)[1] a la percepción exagerada, con pocos detalles y simplificada, que se tiene sobre una persona (o cosa) o grupo de personas (o cosas) que comparten ciertas características, cualidades y habilidades, que busca «justificar o racionalizar una cierta conducta con relación a determinada categoría social». Regularmente los estereotipos son una preconcepción generalizada que obedece a un conjunto de creencias sobre cualidades y atributos que se adjudican a un grupo de personas, en donde se ven mezclados elementos culturales, sociales y económicos que resultan en la representación rígida y falsa o inexacta de la realidad.(Wikipedia)

Tengamos presente que Dios es infinitamente creativo. Su naturaleza es un desafío para cualquier estado unidimensional.

Si organizamos nuestras reuniones con una fórmula establecida porque siempre lo hicimos así, entonces no entendimos la idea y nos volvimos anti bíblicos en el proceso.

Sé que ahora tienes más claridad cuanto está en juego si permites que la Guerra de las Maestrías te gane.

La guerra está en pleno desarrollo, Las Maestrías han tratado de traer confusión a la iglesia, por eso la iglesia se ha debilitado en muchas áreas, pero ha llegado el momento profético anunciado que la genuina iglesia del Señor se levante en victoria ante esta Guerra que ya se presenta sin ningún disimulo, en las más variadas circunstancias que imaginemos.

Capítulo 5

El Proceso del Cambio

Quiero comenzar este capítulo con la siguiente declaración: **Para liberar la plenitud de Dios, debemos arrepentirnos de un cristianismo unidimensional, donde todo gira en torno a reuniones.**

Teniendo en cuenta las palabras anteriores tendríamos que "sacar" a Dios de las cuatro paredes del templo para llevarlo al corazón y al hogar de las personas. Si te encuentras frustrado por el modelo actual de la iglesia, es porque algo más está creciendo y sucediendo dentro de tí.

Es posible que haya llegado el tiempo de conectarte con tu propia persona de una manera diferente, mejorar la comunicación y la vivencia en ti y fundamentalmente lo que Dios ha depositado dentro de tí.

La verdadera tragedia se produce cuando nos detenemos en el nivel personal y no nos graduamos para el cambio que necesitamos con urgencia. Pedimos a gritos por un cielo abierto, pero no creamos ni las condiciones ni el clima para que esto se transforme en una realidad que perdure en nuestras vidas.

Definitivamente Dios está interviniendo con Su Iglesia. Es tiempo de afirmar que:

La Iglesia y el Reino son distintos, sin embargo deberían estar profundamente relacionados.

Esta ideología de igualdad, al no manejarse correctamente, hace ver o parecer que todas las cosas son iguales. Esto es un gran error. Al no confrontar estas realidades debidamente se tiende a ver y a confundir las dos cosas: la Iglesia y el Reino como un todo.

La Iglesia es el propósito eterno de Dios manifestado en tiempo.
La Iglesia es el instrumento para la demostración completa del Reino.

Por ende, el Reino de Dios debe ser establecido en la Iglesia. La Iglesia no es la totalidad, sino una parte del Reino. El Reino es mucho más global que la Iglesia.

Esta diferencia, que aun así relaciona a la Iglesia con el Reino, necesita ser comprendida y reconocida para evitar la confusión que hoy día existe. Es por eso que Dios habita y habitará solo en lo que es compatible con su propósito.

Deberíamos darnos cuenta que Dios no viene para hacer lo que queremos, pretendemos o exigimos, en realidad, Él viene para cumplir su deseo de expresar su Reino entre los que dicen seguirlo.

Cuando marginalizamos nuestra relación con Dios para maximizar nuestro ministerio, nos ponemos del lado equivocado al de Dios.

Llegará un tiempo donde seguramente Dios mismo interrumpirá nuestro ajustado programa del ministerio para introducirnos al Reino.

Una de las ofensas más importante de la Iglesia en contra del Señor ha sido que ha deseado más su poder que su presencia.

Se ha dado más importancia a los eventos, a las exteriorizaciones, a las funciones y a los flujos de Dios que al propósito eterno del Padre.

El discurso que siempre oímos en esas esferas eclesiásticas es de una desesperación profunda para que Dios se manifieste, es el mismo por todas partes.

Términos como "restauración profética", "activación profética", "fuego divino", "estamos en avivamiento" y otra larga lista solo son algunas expresiones utilizadas para "agitar" las aguas del estanque pero que al final quedan como "slogan y expresiones" que no tienen ningún efecto perdurable.

Debemos poner las cosas en la justa perspectiva.

Estoy hablando de un renacer, reavivar, restaurar, volver al inicio de todo aquello que perdió su efectividad. Reavivar es un término que encierra a todo lo demás.

Reavivar significa restaurarse a la vida y al uso, asumir y volver a hacerla válida. Reavivar es volver a vivir la revelación y la demostración de la presencia manifiesta de Dios dentro de la Iglesia, con el fin de liberar al hombre como parte del cuerpo en Cristo para que impacte la sociedad. Es por eso que podemos declarar que el reavivamiento no es un evento: es una persona reavivada. El efecto del reavivamiento es la reforma y esto es causado por y dentro de un cuerpo unido de personas fluyendo juntas en el propósito y poder del Reino, junto a la presencia de Dios.

Es definitivo que este proceso de verdadero cambio envuelve una impresionante confrontación de parte de Dios hacia y con los elegidos. Este proceso nos mide para calibrar el espacio que tendremos dado para la plenitud que el Padre ha diseñado para ser manifestado y expuesto a través de nosotros.

Veamos el patrón creador de Dios desde el principio. Comencemos con el número siete.

El número 7 bíblicamente nos plantea un Proceso, el cual lo vemos claramente en el Génesis durante la creación, un día dio paso a otro, y este a otro, cada acción de Dios reflejó orden como regla a seguir: la luz, los mares, la tierra seca, hierba verde, las lumbreras, los seres vivientes, el hombre, el descanso.

Todo fue orden, todo fue un supremo y perfecto diseño.
Recuerda el postulado:

Dios NO es un Dios de sucesos sino de PROCESOS.

Conocer los procesos de Dios te dará la línea Profética que necesitas conocer para lo que viene. En la religión no se enseñó lo profético, se lo mantiene marginado, por ende no se aprendió a medir y evaluar los procesos y los tiempos. En la Guerra de las Maestrías no hay respeto por los procesos, estos deliberadamente se alteran para cumplir agendas ocultas, su fin es oprimir y secuestrar el depósito que Dios ha colocado en cada uno de nosotros.

Cuando medimos correctamente el proceso en el cual Dios nos permite ser parte, nunca habrá confusión sino que lo sucedido ayer resulta en crecimiento para lo que Dios hará hoy, porque estamos llamados a plenitud y no a mediocridad.

Plenitud es el proceso en el cual es sometido alguien o algo para alcanzar una condición de *pleno, listo, preparado, para*. Es el proceso que somete Dios a alguien. Es entonces donde vemos que cada proceso trae continuidad de su propósito. Del 7 vamos al 8; nuevo comienzo; por ende Dios te procesa para un nuevo comienzo. El número nueve habla de sello.

La secuencia en el proceso es la siguiente: Todo lo que Dios pasa por proceso lo prepara, entra en un NUEVO comienzo y lo SELLA. Desde una perspectiva Profética se cuenta del uno al 9 y el 9 cierra un ciclo. Diez es la letra "YOD" en hebreo y tiene que ver con atraer.

Cuando Dios completa un ciclo Profético hay un aumento de Gloria. Este proceso nos lleva a entender el poder del re-avivamiento. Es allí donde se experimenta la revelación desde el pensamiento de Cristo.

Podemos observar este proceso en el Apóstol Pedro. La revelación de Cristo en él, le cambia el nombre de Simón a Pedro. (Mateo 16)

Del mismo modo la dinámica de REVELACIÓN genera cultura porque revela al PADRE. El problema es que Iglesia no ha tenido verdaderos padres sino que se conformó con buenos líderes.

Hacer que un edificio se llene de personas es relativamente fácil, pero unir las partes proféticamente es un RETO ya que la multiplicación PROFÉTICA viene por PROCESOS. Crecimiento es progresivo e integral y este incremento es generador de REPRODUCCIÓN, pero debo advertir que en la simple multiplicación matemática no hay esencia. Hoy percibo y veo que hay mucha multiplicación pero que es solo numérica y no profética ni divina.

La declaración de Jesús sobre Pedro fue contundente y reveladora: "Sobre esta Roca edificaré mi Iglesia." La etimología de la palabra Roca viene del hebreo "ABEN".

El significado de "Aben" es HIJO. Es sobre la revelación de los HIJOS que Dios edifica. En los últimos años ha habido un mal uso de este término y se ha tomado livianamente dentro del Cuerpo de Cristo.

Se ha limitado a usarse solo para tener una cobertura ministerial y/o a reclutar gente en redes ministeriales. La verdadera revelación de hijos va más allá de esta verdadera falacia. Aún allí se ve la Guerra de las Maestrías cuando hay personas desarrollando una ideología basado en esta mentalidad de hijos ministeriales pero los hijos desconocen cuál es su función en el cuerpo; tal vez todo se hace para poder "colectar" diezmos de diezmos o para exhibir como un trofeo, una agenda cargada de compromisos desgastantes que no llevan a cumplir el diseño de la Voluntad de Dios.

Es sobre los hombros del HIJO que esta CULTURA de gobierno debería reposar. (Isaías 9:6)

La palabra gobierno en hebreo tiene está relacionada con dos verbos: _Guiar y Ejercer juicio sobre el enemigo._

Por eso debemos definir cuál es el vehículo que nos mueve: si es una ideología, una costumbre, una moda o lo que verdaderamente nos mueve es el designio de la Voluntad del Padre. Permítame llamar a este gobierno "La República". En los próximos capítulos hablaremos de esto.

Veamos que nos sigue revelando Mateo capítulo 16. El verso 18 declara:

"..y las PUERTAS del hades no prevalecerán contra ella." (Mayúsculas del autor)

En el hebreo el significado de puertas es **"BABA"**. Plantea lugar de entrada y salida. Significa también **TRIBUNAL**.

Tengamos presente que las puertas eran el lugar donde se sentaban los ancianos a legislar. *Legislar* - es un Decreto que establece una Ley.

Destaco que el objetivo de la Ley es dar la forma de pensar y de actuar de aquellos que están bajo una forma determinada de Gobierno.

Los Ancianos eran Guardianes de la Cultura del Pueblo de Israel pero fallaron en esta tarea ya que al venir Jesús con el mensaje del Reino no abrazaron la revelación de Hijos. Para los ancianos de Israel, cuando Jesús se llamó a su mismo hijo de Dios, era una verdadera blasfemia.

Los ancianos estaban fuera de foco, no veían la realidad que Dios les presentaba. ¿Por qué? Porque habían creado una ideología plagada de formas que anularon el mandamiento y le dieron más importancia a su ley que a lo que el Padre estaba revelando en ese momento.

Los judíos le respondieron:
<u>Nosotros tenemos una ley,</u>
y según nuestra ley debe morir,
porque se hizo a sí mismo Hijo de Dios
Juan 19:7 (subrayado del autor)

¡Qué ironía la de hoy!

Se repite la historia con aquellos que se deleitan o los presionan para llamarse hijos del apóstol tal, o del obispo tal, pero se pierden la verdadera esencia de lo que es ser HIJO del Padre de las luces.

Las Puertas del Hades hablan de Autoridades que legislan. El apóstol Pablo nos habla de potestades- jerarquías.

Estos son "Principados", de la palabra "arche"- de allí procede la palabra arquetipo. Palabra compuesta para tipo-diseño y "Arque" es de donde se origina la palabra arquitecto -uno que trabaja con diseños. Ya que el arquitecto define en su mente, pero luego lo plasma en tinta y papel. Así, la idea que traza el apóstol es de un príncipe arquitecto que traza los diseños a partir de líneas de pensamiento.

El rey Salomón expresó lo siguiente por revelación:

"Porque cual es su pensamiento en su corazón, tal es el."
Proverbios 23:7

Actuamos de acuerdo como pensamos.

Las puertas del HADES son diseño en la mente de los hombres que han generado una CULTURA. Aunque la persona se convierta SU CULTURA no cambia.

La verdadera religión NUNCA ha puesto presión a que los creyentes cambien su idiosincrasia a la CULTURA del REINO.

Esto genera que exista mucha gente que ama a Dios de corazón pero siguen teniendo una mentalidad regional.

Es aquí donde radica el gran impacto de las palabras de Dios a Abraham:

"Sal de tu tierra y tu parentela"
Génesis 12:1

Si en verdad anhelamos CULTURA de Reino necesitamos procesos de Espacio y Formación. Puertas de Hades - Influencia en un "palmo" de territorio porque es allí donde se concibió, se creó y se desarrolló una forma de pensar que pasa de una generación a otra

Esto lleva a un proceso DEGENERATIVO el cual es de plena vigencia, hoy lo vemos en muchos sitios pero la IGLESIA está llamada a romper con esta línea y estos conceptos de verdadera INIQUIDAD.

Posible y lamentablemente hemos permitido que las Puertas del Hades tengan sus bases, sus pensamientos e influencias perniciosas sobre la amada Iglesia ya que es indudable que las acciones de las tinieblas trascienden culturalmente hasta cautivar pueblos y personas.

Este nocivo proceso degenerativo se alimenta por medio de esta Guerra de Maestrías que es alimentada y fortalecida por medio de estas ideologías dañinas que se alimentan de opiniones y apetencias personales que solo reclaman derechos mal habidos.

Capítulo 6

Compañia de Reformadores

Antes de continuar con el tema central de este capítulo deberíamos conectar algunos "hilos" en cuanto a la historia y algunas terminologías que merecen ser aclaradas.

En el capítulo anterior hice mención del gobierno de Dios, que reposa sobre sus hombros, y lo llamé "La República", reconociendo desde ya que el gobierno de Dios es perfecto y que lo nombro como "república" para el objetivo trazado de mayor enseñanza en el tema que estamos viendo.

La única manera que podemos hacer frente al gobierno de los hombres que usan como mecanismos manipulados con el Populismo es con la Institucionalidad, el Estado de Derecho y de Respeto del individuo como la minoría más pequeña que hay.

En contraposición a las demagogias populistas el único sistema de gobierno que defiende las libertades individuales es la REPÚBLICA.

Es delicado el tema de REPUBLICA porque se asocia a gobiernos dictatoriales como el de Francisco Franco en España.

También esta palabra se utilizó por otros regímenes que de República no tenían nada: República del Congo, República de China, República de Korea del Norte y República Democrática de Alemania, todos son tristes ejemplos.

La primera vez que una República fue asechada y desbastada por el Populismo sucedió en la Antigua Roma, utilizando la muy conocida frase "Pan y Circo", que resumía perfectamente lo que estaban implementando como un sutil, macabro y mero entretenimiento al Pueblo mientras estaban mermando y degradándose las instituciones que habían dado forma a la República Romana para establecer el Imperio Romano.

El Apóstol Pablo en la carta a los Gálatas hace la siguiente declaración:

"Mas venido el cumplimiento del tiempo, Dios envió su Hijo, hecho de mujer, hecho súbdito á la ley."

Gálatas 4:4

No cabe duda que Dios envió a Su Hijo en el tiempo correcto bajo el gobierno correcto. De todos los imperios y gobiernos que anteceden al envío del Hijo, el romano fue, en cuanto a forma de gobierno, el que se asemejaba a la manera de gobernabilidad del cielo. Como República, se defendía el respeto al individuo y el estado de derecho.

Por otro lado está el promover el institucionalismo, cuyo enfoque principal es la comprensión de la Sociedad a partir de sus instituciones y la importancia de conocer este mecanismo solo a través de funciones y no de meros títulos.

El mismo Jesús se expresó en varias ocasiones con declaraciones sobre este sistema de gobierno haciendo declaraciones como "amad a tu prójimo, como a ti mismo"; "ponte de acuerdo con tu adversario"; y varias otras.

De la misma manera que la República Romana fue amenazada por el Imperio, el Reino de Dios es amenazado con un Sistema de gobierno que exalta al hombre ante el propósito de Dios.

La humanidad ha concebido tres principales repúblicas pero las tres sucumbieron por causa del Imperio. Estas tres fueron la Romana, la República de Norte América en 1776 y la que creó George Lucas en la Guerra de las Galaxias. (Star Wars) Lo que hizo el Imperio fue revelarse desde el Senado y conspirar contra la República violando el estado de derecho y no respetando la propiedad privada; dándole poder a un solo hombre, usando la manipulación y creando odio en las clases sociales.

Una vez que el populismo gana espacio y poder su objetivo será eliminar del legislativo a toda la oposición, comprar jueces para no fiscalizar y reformar las constituciones. Se imponen los límites a la libertad de expresión, límites a la propiedad privada y límites a la prensa. Como último, anulan al individuo y sus tres derechos en nombre de ese pueblo.

Recordemos que en la república se percibe al Gobierno como un árbitro que debe estar vigilando que en la "cancha y el estadio" la gente esté guardando los tres derechos fundamentales:

*Derecho a la vida.
*Derecho a la propiedad
*Derecho a su libertad.

De esta manera se vigila al jugador que empuja o agrede para sacarlo del campo de juego o para sancionarlo, también al que se descubre como culpable se le mete en la cárcel.

Ahora, ¿imaginas el "misil" que lanzó Jesús una vez que penetró esas esferas? Jesús mismo declara que la manera de gobernar no era de la misma manera que los hombres habían desarrollado. Porque esta forma de gobierno del hombre tenía su raíz en la rebelión del Huerto del Edén y portaba una solo expresión:

"Tú que decías en tu corazón: Subiré al cielo, en lo alto junto a las estrellas de Dios estableceré mi trono, y en el monte del testimonio me sentaré, a los lados del norte;

Sobre las alturas de las nubes subiré, y seré semejante al Altísimo".

Isaías 14:13-14

Al final de la propuesta queda un cuadro no muy esperanzador bajo este Sistema humano que ha estado siendo alimentado por ideologías y opiniones que dejan una crisis institucional de alcances impresionantes. Sobre eso lo que alimenta y da base a este sistema humano es la corrupción la cual desencadena problemas colaterales como son los daños psicológicos y mentales sobre el ser humano que se van produciendo en todas las esferas de la sociedad.

Creando personas empobrecidas, ignorantes, desesperadas, socavadas en la capacidad de buscar salvarse; teniendo mentalidad de víctimas y convencidas que vinieron al mundo a sufrir.

La manipulación se hace sencilla porque la resignación es la moneda corriente. Todo este "menú" crea una lucha de clases que nunca termina, al contrario, se va agravando con el correr de los tiempos.

Pero, permítame hacer una pregunta acerca de lo que estoy describiendo:

¿No es lo mismo que vemos hoy día en la iglesia?

Cuando aparece la lucha despiadada de clases y privilegios que hay entre los apóstoles, profetas, pastores que predican prosperidad, los que hablan de paternidad, los que tocan el Shofar y los que no lo tocan, los que guardan las costumbres judías y los que no lo hacen, los que hacen o imponen formas como doctrinas...sé que podríamos agregarles muchos "etcéteras" a esta larga lista. Del mismo modo podemos concluir que lo que se ha predicado en los últimos 500 años ha sido influenciado por el Imperio.

Sin lugar a dudas se ha estado promoviendo y alentando otro gobierno dentro de la Iglesia y que estoy seguro, no es el mandato del Rey de reyes.

Es en este punto de la historia donde alguien debe decir: ¡¡RESTITUID!!

> *Mas este es pueblo saqueado y pisoteado, todos ellos atrapados en cavernas y escondidos en cárceles; son puestos para despojo, y no hay quien libre; despojados,*
> *y no hay quien diga: **Restituid.***
> Isaías 42:22 *(resaltado del autor)*

No quisiera pasar por alto otra versión de este texto porque da mayor énfasis todavía al verdadero drama que estamos observando, viviendo y sufriendo.

> *"...pero a su pueblo lo han robado y saqueado, lo han esclavizado, metido en prisión y atrapado.*
> *Es blanco fácil para cualquiera, y no tiene a nadie que lo proteja, a nadie que lo lleve de regreso a casa."*
> **Isaías 42:22 (NTV)**

Un pueblo robado, saqueado, esclavizado, prisionero, parecería que no tiene quien lo regrese a lo genuino, a aquello que ofrece sin restricciones nuestro Dios. Pero ha llegado la hora de regresar a casa, que es no es otra cosa que volver a las fuentes eternas y genuinas del Evangelio para hallar todo aquello que Dios tiene reservado para un pueblo que le busca y no para los mercaderes espirituales que han contaminado la sagrada propuesta del Señor.

Estos versos marcan una verdadera radiografía de lo que está ocurriendo hoy día con la Iglesia. Se habla de activación de esto y activación de lo otro pero parece ser que no han notado un detalle y es la falta de activar a los salvadores y reformadores. Recordemos que solo puede ser activado genuinamente lo que ha sido profetizado.

"Y subirán salvadores al monte de Sión para juzgar al monte de Esaú; y el reino será de Jehová".
Abdías 21

¿Quiénes son estos salvadores?
Esta compañía de salvadores son los que se levantan y golpean sin piedad a este siniestro e impuro Sistema de Maestrías, dándole Gloria al Cordero donde quieran que se muevan.

¿Por qué?
Porque estos son los que han descubierto el "juego" ministerial donde han cautivado y esclavizado al Cuerpo de Cristo y dicen: ¡¡Ya Basta!!. No más esclavos, *"Cristo nos ha hecho libres, verdaderamente libres".*

Los salvadores vienen a identificar el daño que ha ocasionado el llenar a la gente de doctrinas (ideologías), formas, costumbres y no de la Deidad. Los reformadores son los que desean ver el Reino de Dios y no el cristianismo producto de una cultura propia. Esta compañía de reformadores (salvadores) son los entendidos en los tiempos que no se han dejado impactar por Maestrías diabólicas que los hagan o pretendan hacerlos cabalgar sobre una Bestia.

"Dios desde los cielos miró sobre los hijos de los hombres, por ver si hay algún entendido que busque a Dios."
Salmo 53:2

Los que entienden el momento que estamos viviendo estarán buscando a Dios de todo corazón. Aquí la palabra corazón no se refiere al órgano sino a la mente. Mentes con una nueva conciencia y prestos a seguir al cordero donde quiera que se mueva. *(Apocalipsis 14:4)* Es probable que se siga preguntando hasta este punto: ¿Cómo es que este mensaje de las Maestrías encaja con el expresar el Reino de Dios?

Debo decirle apreciado lector que fue intencional el llevarle por el viaje de la historia para así poder identificar con lo que estamos peleando. No piense que yo no estoy conmovido, estoy tan impresionado como usted. Luego de terminar cursos en Relaciones Internacionales y en Geo-Política, pude ver en donde estábamos como Sociedad. Fue allí donde encontré una Iglesia fatigada, cansada, harta, porque un Sistema religioso la fue llevando a la cautividad y la desliza sin frenos a abrazar conceptos que no proceden del Padre Eterno.

Quedé totalmente en shock y rápidamente como el Apóstol Pablo, caí del vehículo del cual "cabalgaba" y allí pude ver a quien perseguía. Entendí que frente a la creciente maldad del mundo, nuestros programas e ideas sobre el cristianismo han fracasado. Necesitamos a Dios. Necesitamos dirección de Dios. Necesitamos urgentemente restituir la relación con Dios.

Los que entienden el momento que estamos viviendo estoy convencido que lo están buscando con la misma desesperación que la mujer en el libro del Cantar de los Cantares.

"Por las noches busqué en mi lecho al que ama mi alma: lo busqué, y no lo hallé. Me levantaré ahora, y rodearé por la ciudad; por las calles y por las plazas buscaré al que ama mi alma: lo busqué, y no lo hallé. Me hallaron los guardas que rondan la ciudad, y les dije: ¿Habéis visto al que ama mi alma? Pasando de ellos un poco, hallé luego al que mi alma ama: trabé de él, y no lo dejé, hasta que lo metí en casa de mi madre, y en la cámara de la que me engendró.
Cantares 3:1-4

Es este tipo de encuentro entre la esposa y su amado que traerá definición en lo próximo que debemos hacer.

Necesitamos edificar juntamente con Él, busquemos con desesperación al que amamos. Anhelemos un re-direccionamiento que nos lleve al gobierno genuino del Padre, de este modo re-alinearnos correctamente a la voluntad de Dios porque solo así la Iglesia vivirá el total respaldo del Padre y la autoridad del Hijo.

Capítulo 7

Después de la Tormenta, aparece la Reserva

Nací y me crié en una isla en el Caribe. Entre los meses de Junio y Septiembre estábamos expuestos a la temporada de huracanes. Fue durante la última parte de esta temporada, en el año 2017, que Puerto Rico experimentó uno de los azotes más devastadores dejados por un huracán en nuestra historia moderna.

Luego de que este evento atmosférico pasara por nuestra isla se pudo apreciar los remanentes que había dejado esta tormenta. Remanentes tales como postes del alumbrado eléctrico destrozados, estructuras torcidas, lugares donde había una casa ahora era un campo repleto de escombros. También se sumaban lugares llenos de agua, provocando inundaciones por largo tiempo.

A todo este panorama se le llamó "los remanentes del Huracán María".

Luego de este fenómeno huracanado, mientras la isla trataba de recuperarse de estos efectos, durante el mes de enero del 2019 parte del área sur del territorio fue golpeado por una serie de terremotos que causaron una gran destrucción a edificios públicos, incluyendo escuelas y residencias que fueron totalmente destruidas.

Un año después tuve la oportunidad de visitar algunas de estas áreas y fue interesante escuchar de las personas que me acompañaban expresarse sobre este escenario: "Estos son los remanentes del terremoto."

Esa noche, cuando regresé a mi hotel, me quedé pensando en la expresión de la persona que dijo: "Esto es el remanente".

Rápidamente en mi mente comenzó a correr como un río las escrituras que hay en la Biblia sobre la palabra remanente.

Fue intenso el sentir de buscar la palabra remanente y hallar su significado.

Lo que encontré me abrió la puerta a una dimensión mayor a lo que normalmente había interpretado de esta palabra.

La definición de esta palabra según el diccionario de la Real Lengua Española es muy ambigua y resuelve su dilema al definirlo como un adjetivo que quiere decir "lo que queda o sobra" o "parte que queda de algo.

Siguiendo esta definición y aplicándola a lo que vimos en Puerto Rico, el edificar con escombros y partes de un edificio afectado por un terremoto no es de sabios.

Fue allí donde me di a la tarea de buscar la etimología de la palabra remanente la cual usa la Biblia en referencia al Pueblo de Dios.

La palabra utilizada en todo el Antiguo testamento con referencia a Remanente es *"shawar"* y significa literalmente *"reserva"*. Con esta nueva palabra tenemos un significado totalmente diferente.

Se define la palabra reserva como el conjunto de cosas que se guardan y se "reservan" para el momento que se necesitan o para ciertas circunstancias adecuadas o especiales.

Es entonces que cuando nos referimos al pueblo de Dios la ambigüedad del término queda nula al usar la palabra reserva, que es la palabra más idónea al referirnos a la Nación de Dios.

Fuimos guardados y preservados para una hora como esta. Debemos aplicar el término correcto para así operar en el verdadero significado que nos otorga la identidad de lo que somos y poseemos.

Si hay alguien que entendió este concepto fue el Rey David. A través de los Salmos que escribió expresaba el poder de una reserva, el mismo David fue la reserva de Dios para manifestar propósitos divinos.

Para David el lugar de adoración era Sion. Sion significa lugar donde lo ambiguo se termina o sea el lugar donde Dios termina con pensamientos divididos.

Deberíamos tener muy en claro que Sion no es únicamente el auditorio donde nos congregamos, sino que es el ámbito que creamos a través de la adoración y nuestra conexión con Dios ya que es solo el lugar donde preside el Espíritu Santo donde terminan todas las ambigüedades.

Recuerde que David escribió no solo desde la perspectiva del pastor de ovejas sino desde el corazón de un Rey.

"Los que confían en Jehová son como el monte de Sión, que no se mueven: estará para siempre."
Salmo 125:1

Un Rey no es impreciso o ambiguo en sus expresiones ya que una ambigüedad es la posibilidad de que algo pueda entenderse de varios modos o que admita distintas interpretaciones.

Es un término que expresa la cualidad de aquello que es susceptible a varias interpretaciones. Todas ellas sutilmente coherentes, lo que daría lugar a dudas. La ambigüedad se produce cuando todas las interpretaciones tienen sentido.

Es aquí donde responsablemente no podemos utilizar el término remanente al referirnos al pueblo de Dios. El pueblo de Dios no es lo que quedó de un huracán o los escombros y desorden de un terremoto. El pueblo de Dios es una reserva que Él ha guardado a través del tiempo para manifestar su obra en los siglos venideros.

La incertidumbre que genera la ambigüedad impide que seamos las personas que Dios determinó para gobernar en las naciones y recuperar dos mil años de conceptos que han desviado al Pueblo de Dios de su asignación.

David iba a Sion para romper su propia ambigüedad. Las ambigüedades evitan que lleguen los recursos que Dios diseñó desde antes de la fundación para Ti.

Los adoradores no existen para crear expectativas sino para ROMPER ambigüedades.

Romper con las ambigüedades es operar en el Ámbito Profético que Dios diseñó para cada generación.

Esto no tiene que ver con un profeta determinado, sino con el Espíritu Profético. Es el Espíritu de la Profecía que habita en todos los creyentes.

Sion es cuando tocas el corazón de Dios y rompes con la ambigüedad que domina tus acciones y pensamientos.

¿Por qué es necesaria nuestra conexión con Sion? Porque es allí donde conocemos la ley, desde allí proviene la palabra que multiplica los recursos que el pueblo de Dios necesita para hacer la obra a la que fue llamado.

David expresó:
*"Irán de Poder en poder,
verán a Dios en Sión."*
Salmo 84:7

Esta es la razón principal del Tabernáculo de David porque solo en ese sitio se rompe toda ambigüedad.

Determina TU VIDA HOY.
Cuando Adoras, Dios dicta JUICIO.

No será retenida esta GENERACIÓN. ¡¡No califiques ni te resignes a algo Menor!!, ya que esta declaración tiene que ver con el verdadero Espíritu de Profecía que está llamado a sacudir Reinos porque crea Paternidad y la misma es trasmitida de padres a hijos gobernantes, que fueron llamados no solo para tener una familia feliz porque son hijos, sino que fueron llamados para y con una verdadera unción "Gubernamental".

No se trata de llamar hijos espirituales para que te laven el carro o para que te carguen el maletín o digan "Si" a todo, sino que se trata de un verdadero y real espíritu de gobierno. Recuerda que todo buen padre es aquel que hace volver el corazón a lo genuino.

Sion es o podría asegurar que representa a una mente que no divaga, que no se mueve sino que prevalece y se afirma en los principios eternos para siempre.

La obra del Espíritu es sanar los pensamientos de una generación que está mentalmente enferma.

Sé que lo has comprendido pero reitero la afirmación de que la ambigüedad crea una doble mentalidad que te hace divagar entre ser un remanente o ser una Nación.

Una mentalidad detenida te limita pero la que brota de un verdadero "Sion", te multiplica y expande.

Cuando domina la mentalidad de remanente solo buscará respuestas para sobrevivir de día a día. Así son los remanentes de un huracán, crean "charcos", aguas sucias y contaminadas donde se desarrollan parásitos que dan lugar a enfermedades.

La mentalidad de remanente limita a Dios y hace de Dios un dios local y restringido a lo mínimo.

Ese fue uno de los principales errores que cometió Israel porque pretendió hacer de Dios una deidad local para encerrarla entre cuatro paredes, creando de este modo una Iglesia-templo dependientes.

Es por eso que la mentalidad de Nación (RESERVA) va más allá.

Mentalidad de reserva te lleva a ubicar los procesos de Dios en su debido orden. A través de la mentalidad de reserva vemos que en Génesis, Adán fue la raza creada mientras que Abraham fue la raza llamada.

En el libro de Génesis podemos ver que Dios trabaja con una raza universal mientras que en Abraham comienza la relación con un Pueblo, con una reserva.

Es el escritor de la carta a los Hebreos que define que allí se habla de un conjunto que forma una ciudad que luego da lugar a una nación. (**Hebreos 11:10**) y a esta nación luego se le llama la congregación de los espíritus perfectos. (**Hebreos 12:22-23**)

Definitivamente somos ese Israel espiritual que cargamos la reserva que expande la mente del Eterno a la generación presente y por ende a las generaciones futuras.

Edificando nación se rompe con lo Institucional, porque lo institucional se produce cuando lo Divino se lo racionaliza para humanizarlo.

Es en las Instituciones donde surgen las posiciones y status lo que irremediablemente genera vivir en una competencia constante. Dios está guardando lo ORGÁNICO del Proceso porque solo en lo orgánico hay miembros que funcionan de acuerdo al diseño y plan divino.

Es de destacar que lo que impide vivir de acuerdo al diseño del cielo es la ambigüedad porque la misma se alimenta de ideologías y estas operan a través de conceptos humanos.

La palabra concepto es un palabra compuesta de dos palabras; *"Con* y *ceptos"*. La palabra "ceptos" significa forma o estructuras. La palabra concepto significa con estructura.

Un concepto bíblico tiene estructura. Cuando hablamos de "Precepto" hablamos de algo antes de la estructura. Por lo tanto hay presuposiciones. Cuando aceptamos algo se recibe una estructura. Se altera una estructura cuando hay un "Decepto" o "decepción".

Cuando Dios formó a Adán lo colocó en el Huerto con Su propio concepto.

No con el del hombre sino uno absolutamente divino pero la manera que Adán y su esposa se salieron de los conceptos de Dios fue a través de una decepción para cambiar estructura y un orden que debían seguir.

Cuando el enemigo cambia estructura, la ideología cambia y esta acción produce el cambio de comportamiento. Al cambiar el comportamiento se crea una cultura humana y esta nueva realidad es más seria de lo que en realidad pensamos ya que se sale del gobierno y plan de Dios para seguir gobierno y plan del hombre.

Pero la buena noticia es que Dios está rompiendo con conceptos que han creado ambigüedad sobre su diseño.

Una de las ambigüedades que debemos confrontar con más agresividad es que la gente ha desarrollado una mentalidad de que vienen a la Iglesia no a escuchar una verdad sino que solo llegan para aliviar su dolor y ser atendidas en sus penas.

Predicar solo a la necesidad del pueblo generará una mentalidad ambigua.

Es por esta razón que Dios siempre fue claro con Abraham:

> *"En ti serán benditas las NACIONES de la TIERRA."*
> Génesis 12:3 (destacado del autor)

Cuando observamos la realidad no es difícil ver que hay una iglesia irrelevante, sin autoridad, sin poder, sin presencia y esto se debe principalmente a que ha sido atrapada en lo institucional, la organización, los formalismos, los modos, las costumbres.

Se ha perdido la esencia a la cual ha sido llamada para tener vida, por eso Dios ha comenzado una verdadera operación de rescate para su amada Iglesia ya que el Señor nunca abandona el propósito que le ha asignado a quien lo representa aquí en la tierra.

Dios trae a la iglesia un aire de frescura, una renovación absoluta, profunda, total y determinante, que sacará lo dañado, lo que la está detenido.

Dios no trae un pequeño cambio sino que actuará como un verdadero aire nuevo sin contaminación para que el Cuerpo se llene de vida nueva otra vez y todo lo dañado venga a la restauración gloriosa imprescindible para este tiempo.

Capítulo 8

La Reserva de Dios en la Tierra

La mente y el cerebro son diferentes. El cerebro es un órgano, la ciencia y la medicina lo estudiaron, lo investigaron; lo pueden medir. En cambio la mente, de alguna manera, está en todo el cuerpo, en cada parte física que transportamos con el cuerpo. La mente no se puede ubicar. No tiene un lugar determinado. En cambio el cerebro, que está en un lugar preciso, afecta la mente del ser humano.

La mente es los sentidos, el cómo percibimos la vida. Pero es indudable que la mente perturba el cerebro.

Estamos diseñados para que de la forma que actuamos, afectemos, para bien o para mal, la manera de pensar o sea el direccionamiento de los pensamientos.

Presta atención, porque lo que robe tu energía y atención, terminará transmitiendo información a tus decisiones, así tus próximas acciones dependerán no solo de tus neuronas sino la "calidad y el grosor" de los cables que lleven información. Entonces a lo que le des tiempo o le prestes más atención y cuidado "engrosará" la mente que tengas.

Al estado anterior se suma la capacidad constante que tenemos en generar decisiones. Si la decisión es tomada fuera de la naturaleza de Dios no será importante o no tendrá la trascendencia esperada. Es fundamental recordar que la decisión se torna importante por el origen y la naturaleza de donde proviene.

Siempre las decisiones tienen una fuente, una innegable naturaleza. El asunto no es si toma una decisión buena o mal sino que la importancia es si la toma en la naturaleza que nace de arriba que es decir que viene de lo alto.

Para Dios no es importante lo que decimos sino la naturaleza que porta lo que expresamos. Sustancia dan o quitan fuerza.

Debemos medir nuestra vida por y en Cristo.

La verdad no es si le fue bien o mal en medio de una pandemia, lo que verdaderamente importante es sí Cristo fortaleció, en este periodo de prueba, su vida, guardándole.

¿Por qué?
Porque representas la reserva de Él en la tierra. El Evangelio no se trata de simples situaciones o circunstancias sino de cómo medir y valorar la fuerza de Dios operando en nuestra vida porque de esto se trata el propósito de Dios.

En su tratado, el apóstol Juan narra la historia de un ciego de nacimiento que fue confrontado por la ambigüedad de la época en cuanto a las creencias sobre una persona enferma. (Juan 9: 1).
Juan relata una experiencia espiritual más allá de un hecho histórico.

Nacer es un hecho espiritual de trascendencia eterna ya que nos hace entrar al mundo natural para desarrollar una tarea eterna y luego irnos con la plenitud de haberlo logrado.

Nacer es entrar a una estructura con diseño, que tiene como fin el de producir algo durante la estadía.

Nacer es entrar a mundo que no estaba ambientado para la obra que viniste a representar. Es como haber nacido "Batman" pero te colocaron en el Lejano Oeste, para interpretar a un rudo vaquero.

Recuerda: Nacimos para expresar Gloria.
El mundo actual quedó corto de escenario y la persona que vengo a manifestar queda como ridícula ante ese escenario. Pero a partir de la Resurrección de Cristo, el escenario cambia para expresar esa naturaleza.

Veamos el argumento presentado en la Escritura:

"¿Quién pecó, este o sus padres?"

Había una filosofía y ambigüedad envuelta en esa declaración, no era descabellada para ese tiempo y las creencias que tenían.

La respuesta que cualquiera podía dar era contundente: ¡Le pasa esto, por causa de esto otro! La vida de este ciego era impactada y aprisionada por una filosofía.

Siento la necesidad de señalar que sino operas y obras en la naturaleza de Dios operarás y vivirás en las Filosofías del mundo e ideologías que transmiten ambigüedad, ya que crean una permanente fluctuación y una deriva entre dos pensamientos que determinarán la vida del individuo.

El relato nos enseña que esta filosofía verdaderamente sentenciaba al hombre:

*"Y le preguntaron sus discípulos:
Rabí, ¿quién pecó, este o sus padres?"*

Jesús fue muy enfático en su respuesta:
*"No es que pecó éste, ni sus padres, sino
para que las obras de Dios se manifiesten en él"*

Jesús enfrentó la filosofía del momento: "No estamos aquí para juzgar, sino para discernir la naturaleza del problema".

La tendencia del mundo es juzgar la situación, ver las apariencias, opinar, condenar y dejar que la ambigüedad tome lugar.

Aquí es donde se presenta una gran batalla de las MAESTRÍAS.

Porque la Filosofía imperante en el mundo está asignada y resuelta para intentar sepultar la Gloria del Padre que está asignada sobre tu vida.

Por otro lado lograremos cosas porque hemos sido ENVIADOS. Tu vida no es lo que tu cabeza fabrica, sino lo que Dios está hablando y produciendo porque la Gloria del Eterno manifestada sobre tu vida hace que la Filosofía se cuestione.

Regresemos al texto bíblico ya que los religiosos estaban investigando el suceso.
Entonces volvieron a decirle al ciego:
¿Qué dices tú del que te abrió los ojos?
Y él dijo: Que es profeta.
Juan 9:17

Cuando la Gloria es manifestada trae Apertura Profética.

Por otro lado la filosofía te mantiene ciego a lo que tienes delante de tus ojos.

Vemos que los judíos les consultan a los padres del joven, que había sido ciego, buscando respuestas y su respuesta fue ambigua ya que tuvieron miedo de ser *expulsados de la sinagoga*. *(Juan 9: 22)*

Cuando enfrentas Filosofía de la Carne o la confrontas o quedarás preso de ella.

Los sistemas y filosofías del mundo son irredentos porque fueron diseñados para abortar lo que cargamos.

La madre de Moisés no tenía como objetivo ni quiso cambiar a faraón, porque faraón era y representa a un sistema inmutable, no acepta revisión de sus conceptos ya que es una estructura perversa, diseñada para atrapar y para tratar de marginar el diseño perfecto de Dios.

Ella protegió a su hijo. Le hizo una estructura -la canasta-. Ella vio que su hijo representaba una reserva. **(Hebreos 11:23)**

En los tiempos que vivimos observemos la realidad, es innegable que la muerte avanza, entonces hay que salvar la Vida que salva todas las Vidas.

En otra porción de la Escritura también hay un tipo de reserva llamada: ¡José y María! Ambos también guardaron al Hijo contra todo lo que se presentaba. La Verdad del asunto es que al Ser Espiritual es imposible abortarlo, por eso la Guerra de las Maestrías hará todo lo posible por lograr que los escogidos vivan en esa ambigüedad que genera filosofías que intentan secuestrar el propósito de Dios ya que la Filosofía es principalmente el amor a la Sabiduría Humana. Los fariseos se habían enamorado de su propia sabiduría porque no amaron a Dios profundamente.

Actualmente vemos el mismo esquema en muchos hombres y mujeres que comenzaron con un claro mensaje del Cielo pero quedaron presos en la ambigüedad de sus propios conceptos.

Mentalidad de reserva versus Guerras de Maestrías.

Tener, buscar y mantener una mentalidad de reserva, es anhelar ser guardados para un cumplimiento que nos lleva a entender que estamos aquí para definir la historia de la humanidad.

Cuando nos reunimos conscientes de lo que somos, hay movimiento del Eterno. Dios no se mueve por lo que entiende sino por lo que Él entiende de ti. De nuestra parte está en creer eso, es renunciar a lo que yo entiendo por lo que entiende Dios de mí.

No estamos en la tierra para ser una permanente demanda de continua necesidad. Las necesidades deberían ser un producto que se genera de nuestra propia actividad porque no tenemos necesidades basadas en el pecado.

Tenemos insuficiencias por tener necesidad de provisión de ser entes exportadores y proveedores de la palabra la vida de Dios. Es en realidad la creciente necesidad de producir para el Reino de Dios y no generar para necesidades personales.

Si lo que exportamos es Evangelio, nuestras necesidades son del Evangelio. Si mis necesidades son extra-evangelio no puedo pedir que el evangelio las supla. Por eso fuimos transformados, porque lo que eras no era bueno para Dios.

Él terminó en la cruz con la miseria para que terminemos de exportar miseria, nos cambió para que seamos llenos de Él y esa llenura sea lo que trasmitamos.

Nuestras necesidades deben cambiar y de este modo se modificará lo que necesito realmente, será lo que activará y hará avanzar el propósito de Dios en el mundo. Lo importante no es si sólo me sano. ¿Sino para que busco o deseo la sanidad?
Habría que plantear una manera diferente a las cosas internas. Si yo espero y deseo que se sane un dedo.
¿Qué cosas añade ese dedo sano a lo Eterno?
A esta manera de accionar se le llama la "Neumatología" de Dios, donde el espíritu, alma y cuerpo están preparados y convergen para manifestar esa reserva de Dios en mi mente.

No podemos confundir neumatología, llenura del "Neuma" de Dios con ideologías, filosofías o ciencias humanas que son el producto de un sistema que adora y exalta el pensamiento humano.

El apóstol Pablo en su carta a los Romanos capítulo 1 verso 18 expresa lo que detiene el avance del evangelio.

Ciertamente, la ira de Dios viene revelándose desde el cielo contra toda impiedad e injusticia de los seres humanos, que con su maldad obstruyen la verdad.
Romanos 1:18

Hay una injusticia que detiene el avance de la verdad y es indudable que esa verdad es la RESERVA de Cristo en la Iglesia. Dios observa la medida de Verdad que está en medio de nosotros pero hay algo que se levanta a detenerlo. Debemos entender que la verdad es una medida de expresión de la existencia de Dios a través de la suma del compromiso que cada uno tiene de crecer a la estatura del varón perfecto, al modelo de Cristo.

La verdad no es un dogma filosófico. Es verdad porque expresa verdad. Si no tenemos verdad, sino buscamos verdad, los impíos harán mucho con poco porque no podemos mostrar lo que es verdad. Nuestra misión es elevar la pureza de la expresión de Dios a través de los hijos.

Los hijos son la medida expresiva de Dios. Si no hay verdad, cualquier "roña", cualquier acción maligna que ande dando vueltas por el sistema del mundo se moverá porque el nivel de verdad en nosotros no estará a la altura que debería estar.

En la carta a los Romanos capítulo 1, el apóstol Pablo habla de que son las personas las que restringen la verdad. Allí es claro el pensamiento de que Dios los entregó a la inmundicia, ya que cambiaron verdad por mentira.

Hay que entender como Dios se revela desde el cielo.

Nuestra lucha no es con personas sino es elevar la medida de verdad en nosotros para que Dios intervenga en la historia de los hombres.

Una de las razones por las que el rey Saúl fue desechado se produjo por meterse en Guerras que no eran de Dios, así peleó por lo que no aplicaba a Dios.

Recuerda: Dios no está para pelear tus peleas.

Él solo mira el aumento del conocimiento y la influencia de Su Hijo en la Tierra. Debemos ser personas de avance, de transformación, y no de tropiezo.

Las personas portadoras y que viven la verdad de Dios sobre y en sus vidas nunca se sienten condenadas en sí mismas ya que han aprendido el mensaje de la redención y han entendido que son la reserva de Dios. El tesoro de Dios es la verdad que ha confiado y depositado sobre sus hijos y que crece en forma y acción de Cristo en mí.

A Dios lo representa la medida de la verdad que somos capaces de portar, en toda circunstancia y ante cualquier evento que se presente.

Si Dios ve verdad en ti hará que todo gire alrededor de esa Verdad. Es por eso que Dios busca esa medida manifestada, declarada y exhibida por sus hijos para detener la injusticia de los hombres que pretenden detener la verdad.

Un juicio sin verdad es injusticia.

Cuando se quiera presentar la ambigüedad de pensamientos debemos mantenernos, no dudando de lo que somos y de lo que tenemos para exteriorizar y mostrar de parte de Dios.

Toda la creación está diseñada para responder o estar alineada a la Sabiduría de Dios, no a necesidades particulares. Por este motivo la creación está esperando el código que proviene únicamente de la palabra de Fe que predicamos y está íntegramente establecido por **PALABRA REVELADA**.

Esta palabra revelada está cargada de la RESERVA que Dios mismo depositó en nosotros para un tiempo histórico como el que estamos viviendo.

No es difícil de observar que toda la creación está llena de la sabiduría de Dios.

También nuestros cuerpos y nuestras mentes están llenos de la sabiduría divina. Deberíamos gemir para que esa sabiduría se libere, se haga conocida, se muestre a un mundo en tinieblas.

Sé que estoy llevando al lector a un increíble viaje de confrontación consigo mismo ya que si entendemos la acción que Dios nos propone, entonces le habremos ganado la Guerra a las Maestrías.

Capítulo 9

Cultura de Justicia- Seguir la Verdad

Lo que justifica la manera de proceder de una cultura justa es que lo que estamos haciendo tiene que ver con una retribución generacional. Esta asignación es totalmente dirigida por el Poder del Evangelio. El evangelio por definición es una buena noticia que contrarresta una mala noticia, no es ni pretende ser el anuncio de una ideología.

Conforme a la verdad Divina hemos sido trasladados al Reino de su amado hijo y Dios está edificando su Reino. Ese Reino tiene como fin ser la plataforma donde la Nación de Dios nazca, se proyecte y sea dada a conocer. Este nacimiento de nación fue lo que Dios prometió a Abraham.

Habían trascurrido mil años que esta nación no tenía presencia por negligencia de quienes podían componerla.

Pero Dios nunca dejo la tierra sin una reserva. Recuerda que hay una gran diferencia entre remanente y reserva.

Una pregunta que es buena reiterar:
¿O tienes mente de Remanente o mente de Nación?

Mente de remanente es una mente que busca la respuesta a sobrevivir día a día. Como aquellos que viven el azote de un fenómeno atmosférico como lo es un huracán o un terremoto. Una mente de nación va más allá de mi necesidad. No se trata de lo que vivo o de mi realidad, es de algo más grande.

Pero la mentalidad de remanente es como exponerte al calor del día, donde en las aguas estancadas del espíritu, todo contribuirá al desarrollo de verdaderos "renacuajos espirituales" en un mundo plagado de hostilidades.

Pero la gran verdad del cielo es que realmente somos gente puesta en las expansiones de Dios.

Esto es vivir verdaderamente en la Nación que impacta. Como contrapartida sucede que la Guerra de las Maestrías busca mantenerte ajeno a verdades que nos llevan a ir por encima de nuestra realidad.

Dios tiene propósito con cada uno de nosotros; somos un Proyecto divino. Cuando Dios permitió que naciéramos sopló vida en nosotros. Solo Dios sopla vida en aquello que está incluido en su proyecto. No nacimos por voluntad humana.

El hombre no es el fin del proyecto pero Dios lo creó como parte del proyecto. Debemos urgentemente ir del "Charco" al "Océano". Si eres o tienes mentalidad "Charco" puedes tener –y hasta creer– un Dios grande pero no entrará en Ti.

Solo es en la mentalidad de los océanos, en una expansión poderosa e increíble donde impactaremos al mundo que nos rodea.

Lo que impide que las personas lleguen a vivir la vida en plenitud de Dios, son los charcos.

Debemos salir de esas limitaciones que nos trata de imponer un pequeño y sucio lugar pantanoso. Lo contrario es que estamos llamados a edificar casas institucionalizadas, casas de verdadera justicia, casas que potencien el desarrollo, porque vivir una vida plena de Dios implica ser luz y sal, el primer elemento anticorrosivo y el segundo preserva lo que se lo relacione.

En el capítulo 10 del tratado de los Hechos vemos la historia de Cornelio. Relata el texto bíblico que era una persona piadosa y temerosa de Dios. Algunas de esas características eran reconocidas como una persona justa. Lo que hacía Cornelio no solo pasaban como actitudes domésticas sino que era reconocido más allá de su pueblo.

...Cornelio, centurión de la compañía la italiana, piadoso y temeroso de Dios con toda sus casa,...
Cornelio el centurión, varón justo y temeroso, varón justo y temeroso de Dios,
y que tiene en toda la nación de los judíos, ha recibido instrucciones de un santo ángel,...
Hechos 10:1-2,22

Estos hombres tenían y vivían la justicia porque estaban conectados con la Palabra escrita y esta Escritura gobernaba sus vidas.
El centurión no solo fue perdonado por Dios sino que vivía una vida asegurada y sostenida en Dios.

Aquellos verdaderos referentes no vivían por meras ideologías sino que sus vidas estaban ligadas a la Palabra de Dios y a las instrucciones que recibían más allá de cualquier fanatismo religioso.

Así también nuestro vocabulario se santifica porque vamos incorporando la Palabra de Dios.

Para comenzar a edificar generaciones se necesita gente que entienda altos niveles de justicia, para realizar esa edificación y/o restauración de lo dañado en la Iglesia se debe mantener la calidad de recursos espirituales que Dios otorgó.

No es promesa sino una realidad potente y presente provista por Dios para edificar en todo congruente con el diseño y los propósitos divinos.

Por esta causa Dios nos deja la Escritura y le dice a Moisés que escriba (recuerda que fuimos creados en diseño) Cuando el patriarca escribió el Génesis plasmó en letras como el primer hombre funcionaba. Adán no tenía capacidad de decir si algo estaba bien o estaba mal. Fue la desobediencia que se trasforma en pecado lo que lo degradó de inocencia a conciencia porque esa conciencia y libre albedrío que tenía lo accionó para hacer caso a las palabras de la serpiente.

Dios gobernaba, no en el hombre, sino a través de Él. Fue esa separación de Dios, lo que muchos llaman el pecado original, que provocó que el hombre buscara una fuente de referencia por encima de Dios para manejar sus asuntos.

De igual manera sucede hoy ya que por esta misma causa, de esta maldad, el amor de muchos se enfría.

Ante esta situación, no puede haber indiferencia, estamos llamados a decidir de qué lado estamos: De la decadencia permanente o de la ascendencia permanente.

Si decidimos vivir con la determinación de que vamos a ascender, esto irá más allá de una vida de ayunos o de oración, porque esta es una determinación de Fe, ya que es aumentar la vida de Cristo en nosotros, por el contrario cuando en los creyentes la decadencia es alta y permanece como pensamiento constante es donde hallamos la razón principal de la decadencia social.

Nacer de nuevo es ver esa NACIÓN y solo la ven aquellos que Dios mismo le ha dado la revelación de verla. Creemos que esta nación tiene una Constitución y esa es el Evangelio, buenas nuevas que cubren todas las expresiones del individuo. El Evangelio es una permanente recordación que Dios está al mando de todas las cosas.

El Hombre fue creado con una sola libertad y es la libertad de elegir a Dios.

El efecto de las Maestrías es que constantemente estamos moralizando todo. Entiéndase por moralizar todo, es clasificar las cosas como: Cosas buenas o malas. Este tipo de acciones nos llevan muchas veces a creer cosas equivocadas.

Sin duda la realidad de lo que vivimos es la expresión de lo que creemos.

Entendamos: Creer NO es una postura religiosa, sino una configuración de como entendemos la VIDA.

No podemos cambiar las cosas solo porque nos guste o no nos guste. Hay cosas por las cuales hemos llorado y no han cambiado. Este mundo no cambia por las emociones. Las cosas no son buenas o malas, somos los humanos, que cuando moralizamos las cosas perdemos poder de administración. Se crean mundos al moralizar. Un mundo que nunca será.

Otros tienen un mundo que no quieren reconocer: El mundo que solo está en la cabeza del individuo.

¿Cuál mundo deseas vivir?
¿El que existe en tu cabeza o al que fuimos diseñados a vivir?

La raíz y la razón de todas las cosas que nos salen mal es porque las creemos mal y al creerlas mal, ¡las practicamos mal!

Si queremos mejorar la calidad de lo que expresamos, en lo que creemos es donde se inicia y se afirma el verdadero cambio.

La iglesia que vemos es la expresión de lo que creemos. Para creer mejor hay que invertir en cosas que afecten -para bien- nuestro creer. Si no cambia nuestra vida en relación con la Palabra de Dios, esperar cambios es una enfermedad, un imposible.

La peor versión del ser humano sale cuando tiene que cambiar lo que CREE por la VERDAD ya que la tendencia de la mente humana es CREER a la mentira. **Nuestra lucha constante es CREER correctamente.**

No es cuestión de creer otra creencia para cambiar sino creer a la VERDAD. La Verdad es un asunto que enoja, porque no es algo relativo sino ABSOLUTO. Al hombre no le gusta la verdad porque la verdad NO es opinable.

Deberíamos tener presente que la ausencia de verdad en lo que vivimos crea una atmósfera adversa donde la presencia de lo mundanal será lo que realmente se vive.

Recuerda: Lo que transforma la vida no es lo nuevo sino la VERDAD.

Hay que decidir: enojarnos o ser libres. La Verdad de Dios no es emocional, porque la verdad está relacionada íntimamente con el diseño creado por Dios.

La Verdad no es un asunto que te debe gustar sino que muestra que es lo que tiene diseño y destino.

Veamos la siguiente verdad:
¿Por qué Dios nos ama?
Porque tenemos algo en nosotros que le pertenece a Él.

Consideremos que hay una medida estricta que cuadra con el diseño que Él ha creado. Tenemos una disposición exacta y para Dios somos irreemplazables.

Detrás de ese amor divino hay algo que tiene valor pero que el sistema donde vivimos tratará de desajustar, complicar, cambiar medidas durante el resto de los días que tengamos vida.

Tengamos presente que lo que portamos es más valioso que nuestra incredulidad. Por eso Dios no se ofende con nosotros.

Recuerde: ¡Usted es valioso, somos de inmenso valor para CRISTO y es Él la medida que está para mostrarnos el valor y lo que verdaderamente significamos para Él.

"Al que no conoció pecado, hizo pecado por nosotros, para que nosotros fuésemos hechos justicia de Dios en él."

2 Corintios 5:21

Tenemos esa medida que provoca que seamos desechados por muchos pero tenemos por seguro que somos amados de Dios.

Esta medida es identificada por Dios y lo profético. Es entonces que hemos venido por esa medida a producir una intervención en la historia.

Es IMPOSIBLE que una medida de CRISTO quede en la Tierra y la próxima generación la ignore.

Aun el término éxito cambia ante este diseño.

No es la suma de logros personales, es por lo que pasó acerca de la resolución de los conflictos a los cuales estamos permanentemente sometidos.

No hay tragedia más grande que estar vivo sin saber por o para qué.

Hoy se vive un mundo donde se trabaja para que la mente se configure relativa, lo que implica una tremenda confrontación con la verdad absoluta de Dios, que no puede ser discutida ni alterada.

Por otro lado vemos los que se defienden diciendo: *"Hay que respetar las Opiniones."* El relativismo que quiere imponerse no es más que estrategias de las Maestrías Ocultas, que al hacer parecer que las acciones cada vez más llenas de "grises" pueden ser aprobadas sin mucha discusión.

Ante lo absoluto de Dios solo permanece Su voluntad y las opiniones no cuentan. Este es el impacto de la Justicia de Dios en los que han sido declarados justos.

Es por estas acciones que el diseño de Dios es distinto único. Él nos creó y nos impartió el poder que nos sustenta. Creó el motor y la gasolina incorporada. Crea y da vida, ya que da funcionamiento. Dentro de su diseño el imparte la vida que nos sustenta.

Mientras más exacta es la pieza más Dios la utiliza y pone en funcionamiento. La verdad no te expone a lo moral, en realidad te confronta al diseño de Dios. La Verdad de Dios no tiene que ver con lo que digo que esté bien o mal, sino con lo que Dios afirma. No es con lo que la religión aprueba o desaprueba. No se trata de lo que siento sino de un DISEÑO que debe volver a la exactitud.

Si la medida no es funcional al plan eterno, no podemos esperar que funcione.

Es aquí que el ser humano entra en el conflicto de ser aprobado porque se encuentra navegando en las aguas de lo moral y de lo que está bien o está mal o con la necesidad de ser aceptado o rechazado llega hasta cambiar su vocabulario y eso hace que se devalúe y pierda importancia la verdad absoluta de Dios.

Es lamentable, pero la verdad de Dios no es aceptada en la sociedad y si revisamos el problema de corrupción y las gestiones viciadas de mentiras en las naciones es por la ausencia de las verdades absolutas de Dios. Al permitir que lo que no nos gusta nos gobierne, contribuimos con el menosprecio a los valores de Dios.

Los diseños de Dios nunca se llevan al debate. La verdad siempre está relacionada con lo que Dios aprueba. Hay aquí algo muy importante ya que se trata de un diseño que debe volver a la exactitud divina.

Solo es la justicia de Dios la que nos devuelve los valores absolutos del Creador a nuestra vida. Sin esos valores absolutos de Dios se mantendrá una vida de corrupción.

El diseño de Dios puede comenzar con dolor pero termina en celebración.

Observemos el patrón eterno:
Dios creó y da poder de habitar.
Dios crea y sustenta.
No es que te crea y te hace cliente.

Entonces... ¿Cómo Dios sustenta? Con el pan nuestro de cada día.

Aquí hay arquitectura de Dios. Los planos de su diseño perfecto no son opinables porque están ya aprobados.

Se pierde exactitud al pretender trasladar la verdad a la emoción. No estamos para opinar sino para edificar. Construimos para Dios, esto es realidad arquitectónica.

Daniel entendió el diseño de Dios y pudo configurar su vida para vivir en su tiempo.
Daniel no vivió el final sino el comienzo.
Daniel vivió tres monarcas.

Y lo que Dios funda, vive y permanece en los tiempos.

Daniel vivió los tiempos por cuanto vivió los principios de diseño y en estos fundamentos está la inteligencia Espiritual de Dios.

El diseño no solo sustenta sino que Renueva.

En medio de todo Dios no renuncia y le muestra a Daniel un Anciano sentado en el trono reinando sobre todos los reinos anteriores.

Dios no está buscando amigos para complacer sino Hijos que edifiquen sobre el diseño sobrenatural. Debemos hacer la lectura correcta en los tiempos que vivimos. Sabes que te has corrompido cuando dejas de crecer en perfección.

Enfrentamos un sistema que no tiene valor alguno. Si bien esta es una guerra de Maestrías es innegable que hay en proceso una verdadera Guerra de Arquitectos.
Debemos creer bien.

"Porque como por la desobediencia de un hombre los muchos fueron constituidos pecadores, así por la obediencia de uno los muchos serán constituidos justos."
Romanos 5:19

Dios está en busca de hijos para participarlos de su Diseño para que nada ni nadie pueda ser tocado, si está escondido en Cristo.

Aunque Jesús nos llamó amigos, Dios no está en la búsqueda de amigos sino está siempre focalizado en la Construcción de su Diseño.

El centro del accionar de Dios no son los amigos, porque no es un asunto emocional, la iglesia no se construye con amistades porque se corrompe cuando dejamos de ser perfeccionados en el Señor.

El mundo no tiene explicación, por eso no debemos estar buscando esa esclarecimiento, el mundo constantemente está moviendo la línea del límite, este perverso sistema parte de una configuración sin Dios, lo deja de lado, no le importa.

Pero en confrontación con lo que las Maestrías diabólicas proponen Dios ha formado hijos para que puedan vivir en medio de un mundo inestable y complicado. La naturaleza de hijos nos lleva a tener esa capacidad. No estamos aquí para explicar el mundo ni opinar de lo que ocurre. Nada ni nadie será tocado si está escondido en Cristo.

Todo comienza y da lugar a que o a quien creemos, nuestros "creer" debe mejorar, alcanzar a que el diseño perfecto me encuentre totalmente involucrado. CREER "mejor" es el desafío que tenemos.

Capítulo 10

La Batalla Final

Hemos entrado en la lectura final de este libro, sin dudas nos quedan varios conceptos que debemos dejar claros para el beneficio de los elegidos y su participación en esta batalla final que venimos enfrentando como Iglesia. El tener un depósito del Eterno nos cualifica y nos responsabiliza como reservas en espera de ser activados en el tiempo "Kairós", para manifestar y dar a conocer para lo que hemos sido diseñados.

He creído, en lo personal, que se demoran ciertas acciones que debería tomar la iglesia en las naciones ya que la obra de las Maestrías Diabólicas avanza a un ritmo cada vez más violento, avasallando no solo las libertades sino los principios éticos que deberíamos levantar como banderas de referencia en medio de la verdadera guerra en la que estamos involucrados.

Si es verdad que el Espíritu Santo está en nosotros, este se manifestará como una evidencia irrefutable de las verdades que provocan un verdadero avance del Reino de Dios que disipará las tinieblas en las cuales estamos transitando.

Estas acciones deben ocurrir para que las cosas que se han proclamado sucedan y no queden en mitad de camino, como un barco que no termina de llegar a la otra orilla. Cuando detectamos el origen de algo, es evidente que también la procedencia se transparenta.

No podemos separar el diseño de Dios, ya que la reserva que hay en ti que proviene de la "Ley de la Procedencia" que es parte de cada uno. Un tema fundamental es conocer lo que Dios plantó en el hombre, no solo para vivirlo, sino para valorarlo y para ponerlo en práctica cada día.

Jesús habló de lo que procede del Padre. Lo que emana de Dios es virtud y beneficio para los hijos.

Es cierto que podemos decir que hemos sido creados por Dios, no está errada esa declaración, pero otra mucho más contundente es proclamar: "Yo procedo de Dios." Cuando ignoramos o desvalorizamos donde está nuestra procedencia, ponemos en peligro la verdadera identidad de las próximas generaciones.

Es innegable que estamos en guerra: las políticas, muchos gobiernos, muchos funcionarios son activos soldados de batallas que van contra el orden y gobierno de Dios. Tienen muy clara las maestrías satánicas hacia donde se dirigen, muchas de esas direcciones las vimos en capítulos anteriores, pero en contra de todas estas acciones debe levantarse con urgencia generaciones de guerreros que no solo resisten sino que avanzan seguros de su procedencia.

La iglesia debe levantar esos estandartes, que en otros tiempos realmente modificaron situaciones, leyes abusivas, denunciaron corrupciones, los alegatos que provenían de púlpitos encendidos y no de plataformas viciadas sino que esos estrados eran verdaderos faros que brillaban en medios de oscuridades y tormentas.

Las maestrías diabólicas quieren impedir sobre todas las cosas que los hijos avancen al destino profético al que fueron llamados por Dios. Las potestades malignas quieren llevar a los hijos al exilio, a que no molesten, a dejarlos encerrados entre cuatro paredes de una iglesia y ahí dejarlos sin fuerzas o sin capacidad de resolución o intervención en los tiempos que corren.

Hemos sido muy benévolos y complacientes con la ignorancia o tal vez esa incapacidad o el temor de asomarnos a los verdaderos problemas que nos agreden cada día nos ha hecho inoperantes, así se dio paso a una iglesia repleta de gente pero sin la verdadera potencia que Dios le ha dado.

Pero es hora de entender que venimos con una medida energética potenciada por el Espíritu de Dios a nuestro espíritu.

Fuimos creados con capacidad energética pero para poder administrar las fuerzas a las cuales fuimos llamados, no podemos seguir en la intrascendencia sino que debe ser visible en su plenitud la fuerza del Espíritu Santo que nos fue dada. Es cuestión de administración y de resolución saber en qué vamos a gastar la energía.

Lo que observamos es que se ha hecho un mal uso de la energía, sea mental o física y hasta espiritual. Cuando la fuerza es mal invertida dejamos a un lado lo que realmente es importante. La vida del Espíritu tiene que ver trascendencia, con plenitud, con la presencia del Poder de Dios sobre y en sus hijos.

Es hora de conocer dónde y cómo invertimos las fuerzas.

La ignorancia de la iglesia sobre la fuerza otorgada por Dios ha debilitado su acción en las áreas a la cual ha sido llamada.

En realidad no es cuanto progresan las maestrías diabólicas sino cuanto la misma iglesia le ha permitido avanzar. Busquemos que se nos revele el potencial de verdad con que el Padre ha capacitado a sus hijos.

Se ha coqueteado con la ignorancia, fuimos más complacientes con la ignorancia que con una verdad revelada.

No es difícil darnos cuenta que muchas personas tienen más facilidad para reprender un demonio que proponerse un cambio de mentalidad para poder luchar efectivamente con las obras evidentes de las tinieblas que lo ahogan.

Los conceptos del REINO van dirigidos a que veamos lo costoso que nos sale vivir en ignorancia. Es verdad que cuando se habla de ignorancia se lo asocia y relaciona con un estado de escasez, pobreza o miseria.

Este tipo de pensamiento hace creer o subestima y señala que los pobres y los marginados son ignorantes por no tener dinero para la educación.

Pero la ignorancia de los temas espirituales y fundamentalmente la potencia y fuerza que Dios le dado a sus hijos traspasa cualquier estado social y económico de la persona. La ignorancia siempre es más costosa que la sabiduría.

"El cual nos ha librado del dominio de las tinieblas y nos trasladó al Reino de su amado Hijo."
Colosenses 1:13

Ese traslado no es una hipótesis o un estado futuro. El traslado al Reino del Hijo es la plataforma más temida por las maestrías satánicas, por eso luchan para que la iglesia viva en la ignorancia de donde es considerada por Dios.

La mayor pobreza en la ignorancia y de lo que llega a hacer las tinieblas es llevar a la iglesia a vivir en estado de defensa permanente cuando está llamada a vivir en victoria total en todos los caminos que enfrenta cada día.

La ignorancia es un sistema estructurado, premeditado por las potestades satánicas, no es porque si la ignorancia de nuestros pueblos, porque cuando más ignorante más fácil es llevarlo hacia cualquier lado.

No es un simple "No lo sé", lo que contestas sino que esa declaración te encarcela, te anula, frustra por que no llegas a alcanzar a lo que has sido llamado.

Es una verdadera aparatología, que implica incluso tecnología de los poderosos que van estructurando generaciones con el fin de no permitir a la generación venidera ver aquello que Dios quiere que veamos.

Las potestades de las tinieblas se conforman y confabulan en una estructura para crear un mundo ignorante. Gran parte de lo que se vive es por ignorancia de los pueblos.

Nuestro desafío en el Reino de Dios es montar tecnología rápido que ataque la raíz de donde se mueve la ignorancia.

Podemos decir que el Hades del siglo 21 es la forma y la manera de como la ignorancia se ha construido para impedir el avance de la Revelación y que los Hijos gobiernen sobre la herencia que Dios les ha otorgado.

¿Por qué han pasado estos estados?

Porque el genuino sacerdocio ha sido quebrado y en esa debilidad no puede arribar al gobierno. Quizás esta es una de las estrategias más sutiles pero más perversas de las maestrías diabólicas.

¿Cómo contrarrestarlo?

Debemos recordar, tener presente y vivir en el sistema, forma, estado en el cual fuimos hechos.

"Y nos ha hecho reyes y sacerdotes para Dios y su Padre; á él sea gloria é imperio para siempre jamás. Amén."

Apocalipsis 1:6

No es que estamos buscando cual es nuestra naturaleza sino donde fue que se llenó de tierra nuestra NATURALEZA.

No es que buscamos ser formados, fuimos hechos y buscamos a quien nos tapó de tierra.

¿Cómo es que lo que fue creado terminó en manos ilegales?

Debemos entender que el Gobierno de Dios en la Tierra no es NEGOCIABLE. Eso es la labor de un verdadero Embajador, no negocia, sino que establece, y esa es nuestra tarea como verdaderos embajadores del Reino de Dios.

Tengamos presente que cuando se pierde la mentalidad de sacerdote se pierde la postura y actitud de REINO.

Hay gobiernos que alcanzaron cierto equilibrio entre la política y sacerdocio.

El hombre fue creado para combinar estas dos esferas pero cuando lo político se rebela, se pelea o desconoce lo religioso se pierde legitimidad y es cuando llegan los métodos de imposición de ideas dañinas que ya describí en capítulos anteriores.

Capítulo 11

Sacerdocio arruinado versus el Sacerdocio Genuino

El sacerdocio tiene que ver con lo que eres y lo que se manifiesta través de ti como resultado. Uno de estos ejemplos son los hijos de Eli, ya que fallaron a su llamado buscando su propio bienestar. De la misma manera los Hijos de Aarón: Nadab y Abiú; que ofrecieron fuego extraño delante de Dios. (Levítico 10)

No fue la primera vez que Moisés y Aarón tenían este tipo de confrontación. La primera fue cuando Moisés permaneció en el monte un tiempo y el pueblo se desesperaba al no saber de su líder. Aarón tomó la iniciativa de controlar al pueblo ante aquella verdadera batalla de maestrías que pretendía adueñarse de la gobernabilidad de Moisés por la acción de Aarón.

El liderazgo, los reinados, o el verdadero gobierno se ponen en juego cuando el pueblo inventa un paralelismo de Dios, un verdadero "doble comando" que se pretende presentar a un pueblo que sufría o sufre la falta de liderazgos genuinos.

De este modo el sacerdocio muchas veces se ha quebrado o debilitado porque los que están llamados a gobernar solo se dejan llevar por las necesidades del pueblo, permitiendo que una serie de ideologías y maestrías alejadas de la santidad se dibujen en unos pocos y así tracen el destino de todo el pueblo.

El resultado evidente de este tipo de actitudes y direccionamiento es un sacerdocio inmoral que se quiebra y no tiene sustentabilidad para ejercer gobierno. Es el momento donde sacerdotes se alejan de Dios y ya no pueden gobernar en nuestras vidas.

¿Por qué?
El sacerdote es un adorador y no solo un ejecutor.

Cuando se pierde la devoción a Dios se pierde el gobierno, no solo en tu propia vida sino hasta lo que Dios te asignó con exclusividad. ¿Por qué hay una evidente falta de gobernabilidad en el mundo? Obama perdió el sacerdocio, Fidel Castro perdió el sacerdocio, Ortega, Chávez, Maduro, (la lista es larga y triste) perdieron el sacerdocio, que es lo mismo a decir perdieron la oportunidad de la asignación divina que estaba sobre sus vidas.

Cuando el sacerdocio que estaba sobre sus vidas se disolvió, perdieron respeto por la orientación y temor a Dios, su adoración desapareció o se auto-veneraron, entonces perdieron la gobernabilidad, aunque parezca que la tienen a base de imposiciones y violencias.

La única manera que hay esperanza en una nación es cuando el que gobierna se acerca con un sacerdocio santo y el respeto hacia la dirección de Dios sobre sus actos.

En contraste Cristo puede y podrá gobernar porque Él fue y es Rey y fue y es sacerdote para siempre.

Es aquí donde vemos la discrepancia: entre los que gobiernan (políticos) sin sacerdocio y por el otro la iglesia reinando o ejerciendo autoridad pero también sin sacerdocio. Se ha perdido el dominio propio ya que este proviene entre la reconciliación de un Rey y un Sacerdote que va a operar en una sola oficina pero con dos oficios.

Cuando se quiebra este delicado equilibrio se vive con el impacto de la concupiscencia que está en el hombre. De allí salta la tentación y esta se vuelve tan común dentro de las Maestrías Diabólicas que ejercen gobiernos.

La tentación es un activador externo de una concupiscencia interna de un deseo desordenado que hay adentro y que viene a activar ese desorden interno.

El dominio propio, es como un amortiguador que crea el efecto en la llanta del auto para que el golpe no lo recibas en el volante del auto, desviándote del camino.

Dominio propio es cuando un hombre rompe las paredes que lo encarcelan a la rebelión pero ha entendido que es sacerdote y rey para Dios.

El verdadero sacerdocio es lo que guarda la pureza y la santidad internamente pero que se hará vivible también en lo exterior. Si esto se pierde lo que tendremos es una corrupción en todos los ámbitos donde se opera.

Todo lo que Dios ha creado vendrá a las manos de reyes y sacerdotes. La tierra gime por la manifestación de hijos.

Porque el anhelo ardiente de la creación es el aguardar la manifestación de los hijos de Dios. Romanos 8:19.

Hay una verdadera expectativa para que la vida de los que nos decimos cristianos sea visible en cada acto que pasemos.
Ser hijos es un destino compuesto para Reyes y Sacerdotes que ya están creados y cargan la impronta de las obras preparadas de antemano.

Fuimos creados para gobernar con Dios.

porque también la creación misma será libertada de la esclavitud de corrupción, a la libertad gloriosa de los hijos de Dios.
Romanos 8:21

Permíteme resaltar que el concepto de reinado cambia la vida de la Iglesia y la transforma.

Jesús tenía muy claro esta concepción de la realidad donde se movía, por eso sabía manejar multitudes y estas multitudes tenían una influencia evidente en la vida gubernamental ya que era la que iba a impedir que Roma ahogue el propósito del Salvador hasta tanto no esté consumada la misión que venía a cumplir.

Jesús condujo los 70, luego a los doce, de allí tres, pero solo le dio las llaves a uno. Esta es la conducción de gobernabilidad. Posiblemente en los días que vivimos algunas multitudes solo buscan la oportunidad de recibir un buen botín, sobrevivir o venderse por un plan de ayuda gubernamental.

Eso lo saben las maestrías de la oscuridad que indudablemente son ayudadas por un sacerdocio quebrado, desleal a Dios, que usa las multitudes para enseñorearse y sacar beneficios de ella hasta la saciedad.

Un sacerdocio quebrado te hace estar en medio de la multitud aunque estés enfermo y en espera que alguien te pueda ayudar.

Después de estas cosas había una fiesta de los judíos, y subió Jesús a Jerusalén.
Y hay en Jerusalén, cerca de la puerta de las ovejas, un estanque, llamado en hebreo Betesda, el cual tiene cinco pórticos. En estos yacía una multitud de enfermos, ciegos, cojos y paralíticos, que esperaban el movimiento del agua.
Porque un ángel descendía de tiempo en tiempo al estanque, y agitaba el agua;
y el que primero descendía al estanque después del movimiento del agua, quedaba sano de cualquier enfermedad que tuviese.
Y había allí un hombre que hacía treinta y ocho años que estaba enfermo.
Juan 5:1-6

Observemos el entorno de este hombre. Lo primero era que estaba junto a la Puerta de las Ovejas, en un estanque, donde se encontraba una multitud.

Era común ese gentío: enfermos, cojos, ciegos y paralíticos. La narración es clara en decir que el estanque estaba al lado de la Puerta de las Ovejas, no es extraño pensar acerca de ¿Quién es la Puerta de las Ovejas? Jesús afirmó que Él lo era. Jesús lo sigue siendo.

> *Cuando Jesús lo vio acostado,*
> *y supo que llevaba ya mucho tiempo así, le dijo:*
> *¿Quieres ser sano?*
> *Señor, le respondió el enfermo, no tengo quien me meta en el estanque cuando se agita el agua; y entre tanto que yo voy, otro desciende antes que yo. Jesús le dijo: Levántate, toma tu lecho, y anda.*
> *Y al instante aquel hombre fue sanado,*
> *y tomó su lecho, y anduvo.*
> *Juan 5: 7-9*

Jesús de algún modo sigue haciendo la misma pregunta: ¿Quieres ser sano?

Las naciones están atravesando la parálisis, tal vez más de 38 años, pero siguen renegando de las aguas que las pueden sanar, las rechazan.

Las Maestrías Diabólicas enquistadas en los gobiernos no permiten que muchos lleguen a esas aguas pero tal vez lo más triste y la gran falta es la complicidad de un sacerdocio perdido que se acomodó a las maestrías del infierno, se dejó seducir por lo que le ofrecieron, prefieren lo profano a lo santo que deberían portar.

Ofrecen fuego extraño, la historia se repite: pareciera que Nadab y Abiú han revivido y quieren repetir su experiencia, pero estoy seguro que hay un pueblo que no se dejará seducir sino que levanta sus lechos, comienza a caminar para recibir la sanidad que Jesús da a quien obedecen su llamado y sus consejos ya que vienen a la *libertad gloriosa de los hijos de Dios. (Romanos 8:21)*

Capítulo 12

La Verdadera Salida

*Yo soy la puerta;
el que por mí entrare, será salvo.
Juan 10:9*

Dentro del relato bíblico consideremos al estanque un paralelismo inventado por el pueblo, como antes señalamos, por causa de poner en juego el asunto de Reyes y sacerdotes. Sigamos descubriendo cosas que pudieran coincidir con escenas que vemos hoy día.

Observamos según el verso 3 del capítulo 5 del evangelio de Juan que la multitud esperaba el "movimiento" de las aguas y así el primero que descendía quedaba sano. Hay un magnífico detalle en medio de la narración: un ángel, el cual era el propiciador del movimiento.

La etimología de la palabra ángel allí no implica una figura divina sino un mensajero o pastor.

La palabra movimiento significa agitar. Esto cambia la historia que regularmente hemos visto en el relato.

Hoy también hay estanques esperando que alguien los "agite" para autoproclamar que están en avivamiento. Estanques que esperan el "mensajero" del momento que venga y diga lo que el pastor local no se atreve decir para no comprometer su mensaje y que de esa manera provoque un movimiento que pueda sacar a la iglesia del estancamiento que lleva.

Todo este movimiento lleva a la iglesia a permanecer en el mismo sitio. Al final se hace evidente el espíritu que radica en estos ambientes donde el "primero" que llega es el que recibe; es una competencia de ministerios que mantienen a la multitud enferma.

¿Cómo es posible que en BETESDA, casa de misericordia, se vea este tipo de panorama?

Solo se produce cuando se ha perdido el sacerdocio en aquellos que se supone que operen en ello para así reinar.

No es solo en los estanques espirituales donde se reproducen estas experiencias, sino que desde el comienzo de la raza humana es notable la falta de entendimiento en cuanto a reinar.

Adán fracasó en gobernar por no entender gobierno. La plenitud de su sacerdocio se evidenciaba en ir y comer del árbol de la vida. El Árbol de la Vida representaba a Cristo. Adán fue puesto en un Huerto en el Edén. El Edén era más grande que el Huerto. Es de destacar que el hombre fue puesto en un lugar "chico", pequeño, para comenzar de allí a operar y poder llegar al tercer nivel que es el mundo. Lo que le ocurrió a la familia de Adán los llevó a perder su gobierno, perdieron sacerdocio al desobedecer.

Las acciones tanto de Caín como de Abel nos siguen dando luz de lo que ocurrió en el principio. Dios recibe la ofrenda de Abel y la de Caín no.

La razón es porque Caín se convierte en fuente de posesión y por eso pierde sacerdocio. Por no tener sacerdocio, pierde reinado.

Cuando analizamos las violencias que ejercen las maestrías diabólicas no es difícil de ver que todos los que pierden reinado terminan matando a alguien porque en realidad ven en el otro una amenaza que le puede disputar su reinado.

Otro diseño de Dios lo fue Noé. Cuando baja del Arca y edifica un altar. (Génesis 8:20), Noé representa un sacerdocio Apostólico que desciende de donde vienen los recursos. Estas acciones son cíclicas, para poder gobernar algo mañana, algo tendrás que adorar hoy.

Cada día es un ámbito profético diferente y requiere de adoración para gobernar. Noé conforme al diseño recibido gobernó las aguas, ahora debía gobernar la tierra.

El asunto es cuando te embriagas de lo que está bien.

Cantar es correcto pero cantando no gobiernas. Predicar y traer buenos mensajes no te llevan a gobernar. El hombre se embriaga, pierde el verdadero direccionamiento en su vida cuando perpetúa una verdad que tiene o ya tuvo su tiempo de cumplimiento.

No podemos olvidar que cada día es un ámbito profético que requiere de adoración para gobernar.

Las dificultades en el mundo lo engendra un mal sacerdocio y de esto se encarga la Guerra de las Maestrías, porque tiene un sacerdocio dividido, le ha quitado poder e influencia y ya no puede reinar.

El problema no está solo en un diablo que viene a tentarnos, o una maestría diabólica que oprime sino en una genética degradada gobernante en la gente.

Cuando se corrompe todo, Dios cierra los cielos para guardar el propósito para la posteridad. Esto lo vemos en la historia de José y sus hermanos. (Génesis capítulo 37)

No debemos dejar fuera de este escenario al Rey David. Fue adorador, un tipo de sacerdocio para ser Rey. David nunca juzgó a Saúl por el sacerdocio. David nunca tocó a Saúl por el reinado. David nunca iba a trastocar lo que iba llegar a ser.

Es una tentación quedarte en ser un sacerdote porque se interpreta en ser un buen cristiano. ¿Hasta cuándo estarás hablando mal de una autoridad y querer gobernar? ¿Hasta qué punto es quitar la lanza sin tocar a quien te la tira?

La tentación de los que rodean al líder es provocar que el líder se quede solo en su sacerdocio operando en un ministerio de mantener lo que ha podido lograr y sin ir más allá de lo que Dios le ha llamado para no ofender a nadie.

La siguiente declaración es bien importante y es imperativo que la atesoremos:
"Cuando se despierta el Sacerdocio y el Rey que hay en nosotros ya no podremos declarar cualquier cosa."

De lo contrario se crearán gigantes que serán carga para próximas generaciones. Este fue el caso de Noé, él maldijo a Canaan y este se convirtió en la tierra que los hijos debían conquistar. A Canaan no la maldijo el diablo, lo hizo un ungido. Esto creó gigantes. Es una mala concepción del Reino la que provoca una confección errónea.

Hay un detalle en las generaciones de Noé:
Es en medio de esas generaciones después de Noé que se levanta Ninrod (Génesis 10) Fue hijo de uno que no supo ser rey ni sacerdote.

EL nombre de Ninrod significa literalmente "cazador de almas." La tarea de Ninrod fue fundar ciudades cazando almas.

Hay ciudades que realmente cazan tu alma y la esclavizan. Posiblemente es esta la razón principal de que Dios le habló a Abraham y le dijo: *"Sal de tu tierra."*
Esa tierra estaba contaminada, tenía el sello de cazar almas y así evitar que sacerdotes y reyes se levantaran.

Es por eso que el encuentro de Abraham y Melquisedec fue tan poderoso. La Palabra declara que Melquisedec, que era Rey de Salem, pero también operaba como sacerdote. (Génesis 14:18) Solo los sacerdotes y reyes tienen encuentros de bendición.

Melquisedec solo se le aparece a aquel que tiene sacerdocio, a los que tienen el sello de reyes para gobernar. No se aparece a los que solo quieren "flotar" en medio de un diluvio.

Cuando se pierde el sacerdocio en realidad es porque se desprecia la esencia de lo que es el corazón del Padre, su santidad, la expresión y el valor de lo que es estar consagrado a lo Eterno.

Cuando se pierde el sacerdocio se evidencia la manifestación de los "NINROD". Verdaderos Cazadores de almas que reclaman tu vida como botín para sus ministerios. Hombres que pretenden cazar aun tu unción para sus motivos y sus propias agendas.

Recorren el camino de Saúl, que en vez de esperar que Dios le agrupara su ejército, ellos mismos iban ciudad tras ciudad reclutando su propia gente. Esto es utilizar los recursos de Dios para beneficios propios. A esto le llamo la batalla final. Batalla que comienza con un simple pensamiento que a su vez se alimenta de opiniones, que luego se eleva a una ideología que poco a poco toma fuerza por pensamientos predominantes que van marcando una época.

Ahora estamos enfrentamos, como Iglesia, con patrones de pensamientos que vienen siendo fortalecidos por ideas políticas, gustos, opiniones personales, interpretaciones y doctrinas que han desviado a los elegidos de la sincera fidelidad de Cristo.

Lo que se y puedo expresar con libertad que las confusiones de Babel y lo Apostólico no pueden co-existir, no se pueden mezclar.

No puedo pasar por alto el mencionar que David supo manejar dos oficios con dignidad e integridad. Recordemos que David no escribió los Salmos desde una perspectiva de músico sino de Rey y sacerdote. Esto lo calificó a operar aun en lo profético; llevando de esta manera a una nación a reinar con él.

David sabía que la adoración que salía de su boca tenía la capacidad de llevarlo al lugar de donde venía la pureza, ya que esa adoración tenía su origen en la esencia del Reinado del Eterno. Hoy se pretende reinar sin adorar; o mejor dicho, se pretende adorar otra imagen que no tiene que ver nada con el Rey eterno. Las Guerras de Maestrías están vigente, no se diluyen por el tiempo, sino que avanzan desde todos los ángulos posibles: políticos, sociales, económicos, eclesiásticos, gobiernos, nada queda afuera, todo está relacionado, nos quieren influenciar y si es posible cazarnos.

Estamos ante desafíos trascendentes, las próximas generaciones lo reclaman.

Oponernos a las Maestrías de la Oscuridad no es particularmente sencillo pero Dios tiene una gran reserva, por eso la ha dotado no solo con salvación eterna, sino con lo profético y apostólico para ejercer un verdadero ministerio alejado de la contaminación y los desvaríos reinantes.

Pero ustedes no son así
porque son un pueblo elegido. Son sacerdotes del Rey,
una nación santa, posesión exclusiva de Dios.
Por eso pueden mostrar a otros la bondad de Dios, pues
él los ha llamado a salir de la oscuridad
y entrar en su luz maravillosa.
1 Pedro 2:9 (NTV)

Creo que nos queda taller por realizar y trabajo para hacer con una generación que se ha levantado a adorar pero tiene el reto de no desviarse como los hijos de Eli.

Una generación que pueda llegar a reinar como se nos ha sido diseñado, para salir de toda oscuridad que plantea este mundo y entrar a la luz admirable que Dios ha reservado para sus hijos.

Made in the USA
Middletown, DE
24 July 2024